墨香财经学术文库

"十二五"辽宁省重点图书出版规划项目

The Construction and Synthetical Evaluation for Regional Innovation System

Based on the Analysis of the Construction Process of National Experimental Innovative City in Lianyungang

区域创新体系的构建及综合评价研究

基于连云港国家创新型试点城市建设的分析

张宏远 吴价宝 ◎ 著

东北财经大学出版社
Dongbei University of Finance & Economics Press
大连

图书在版编目（CIP）数据

区域创新体系的构建及综合评价研究：基于连云港国家创新型试点城市建设的分析 / 张宏远，吴价宝著. —大连 ：东北财经大学出版社，2018.12
（墨香财经学术文库）
ISBN 978-7-5654-3356-6

Ⅰ. 区… Ⅱ. ①张… ②吴… Ⅲ. 区域经济-国家创新系统-研究-中国
Ⅳ. F127

中国版本图书馆CIP数据核字（2018）第257110号

东北财经大学出版社出版发行
大连市黑石礁尖山街217号 邮政编码 116025
网 址：http：//www.dufep.cn
读者信箱：dufep @ dufe.edu.cn
大连图腾彩色印刷有限公司印刷

幅面尺寸：170mm×240mm 字数：184千字 印张：12.75 插页：1
2018年12月第1版 2018年12月第1次印刷
责任编辑：孙晓梅 王 斌 责任校对：贺 欣
封面设计：冀贵收 版式设计：钟福建
定价：42.00元

教学支持 售后服务 联系电话：（0411）84710309

如有印装质量问题，请联系营销部：（0411）84710711

前言

自从创新的概念被提出以来，创新的思想已经成为当代最重要的理论思想之一，且被视为未来知识经济的核心。如今，世界各国都纷纷把创新作为国民经济发展和社会进步的基本国策。在经济全球化的浪潮中，现代国家的城市也开始转型，一些城市已经率先提出建立创新型城市的目标，并着手实施创新行动。创新型城市建设是创新型国家建设的重要载体和单元，对建设创新型国家具有重要意义。改革开放以来，我国经济社会的快速发展和巨大变化就是由创新带来的，是坚持走中国特色自主创新道路、实施创新驱动发展战略的必然结果。习近平总书记围绕实施创新驱动发展战略发表了一系列重要讲话，在 2014 年中国科学院第十七次院士大会、中国工程院第十二次院士大会上强调“我国能否在未来发展中后来居上、弯道超车，主要就看我们能否在创新驱动发展上迈出实实在在的步伐”。李克强总理在 2015 年达沃斯论坛上指出要用好创新这把“金钥匙”，使中国经济保持中高速增长、迈向中高端水平，打造中国经济“升级版”，可见创新已成为“新常态”下的主旋律。党的十九大指出我国经济社会发展进入新时代，再次明确加快建设创新型国家的战略目标，创新是引领发展的第一动力，是建设现代化经济体系的战略支撑。2016年国务院印发《国家创新驱动发展战略纲要》，提出到2020年，中国要进入创新型国家行列，基本建成中国特色国家创新体系，有力支撑全面建成小康社会目标的实现。

城市是区域经济社会发展的中心，是国家经济产出最重要的基地，是各类创新要素和资源的集聚地，城市的发展对区域和国家的发展全局影响重大。加快推进创新型城市建设，对于增强自主创新能力、加快经济发展方式转变、促进区域经济社会又好又快发展和建设创新型国家意义重大。当前，我国城市正处于发展转型的关键时期。在工业化、信息化、城镇化、市场化、国际化深入发展的新形势下，城市发展要破解人口、资源、环境等瓶颈制约，解决经济发展的技术含量不高、产业结构失衡和生产方式粗放等问题，必须走创新驱动、内生增长的发展道路，探索符合科学发展观要求的城市发展新模式。建设创新型城市，是我国城市发展转型的内在要求，也是探索城市可持续发展道路的积极实践。建设创新型城市，是党中央、国务院在新的历史条件下做出的重大战略部署。创新型城市既是展示一座城市综合实力和竞争力的一块金字招牌，也是这个地区实施创新驱动战略的重要载体和抓手，涵盖了创新投入、企业创新、成果转化、高新产业、科技惠民、创新环境等多方面内容。

本书以区域创新体系为研究主题，以连云港为研究对象，以创新型城市建设为理论框架，构建了区域创新体系的综合评价体系，并对连云港区域创新发展进行评价，旨在探析区域创新体系的综合框架和内在机理，以便为更多的中国区域创新发展提供指导。本书共分为11章：第1章总论，结合我国区域创新体系和创新型城市建设发展现状，通过文献检索、阅读和分析，对创新、创新型城市等研究进行了综述。第2章国内外创新型城市建设的模式与经验，选取了国内外有代表性的创新型城市进行了案例剖析，总结了建设模式和经验，以期带来启示和借鉴。第3章连云港国家创新型试点城市建设的实践发展，本章将连云港作为区域创新体系研究的专题对象，围绕其国家创新型试点城市建设情况进行了描述和经验分析。第4章国家创新型试点城市建设的评价体系，基于区域创新理论，具体从区域、产业、企业等多维视角，采用 SPSS 20.0 软件，运用因子分析法、层次分析法、无量纲法等，构建了国家创新型试点城市建设的综合评价体系。第 5 章连云港国家创新型试点城市建设的区域评估，通过统计调研定量地评估了连云港市级层面和区域层面的创新发展情况。第 6 章连云港国家创新型试点城市建设的产业创新评估，通过统计调研定量评估了连云港新医药、新材料等主要产业的创新发展情况。第 7 章连云港国家创新型试点城市建设的企业创新评估，通过抽样调查，既对全市企业创新能力展开评估，又选取了连云港主导产业中的新医药和新材料企业进行专题式的案例评估和分析。第 8 章连云港与省内其他创新型城市建设的综合比较评估，从综合指数、分项指数和主要指标等方面将连云港与江苏省其他创新型城市进行横向比较评估，并分析差距成因。第 9 章连云港国家创新型试点城市建设的主要问题，基于上述全面评估，分别从政府宏观、企业微观等层面提出当前创新发展中的主要问题。第 10 章连云港国家创新型试点城市深化建设的环境分析，结合中国发展进入新时代，站在新的发展起点，分析连云港创新型城市建设面临的机遇和挑战。第 11 章连云港国家创新型试点城市深化建设的模式与对策，在定性与定量评估基础上，综合分析了连云港区域创新存在的问题与原因，剥茧抽丝，凝练了未来发展模式、发展思路、实施路径、发展重点、保障措施等。

本书从管理学角度，结合经济学等多学科的理论知识，以区域创新理论为主导，运用系统综合评价等方法，系统构建了区域创新综合评价体系，并以国家创新型试点城市连云港为专题对象进行了综合评价与分析，旨在把握区域创新和创新型城市建设的内在机理和发展策略。本书从实践上揭示了区域创新体系的建立，为区域创新发展和创新型城市建设提供了科学的评价工具；明晰了区域创新和创新型城市建设的机理及影响路径，有利于政府管理者制定切实可行的导向政策，增强我国区域创新能力，为创新型国家竞争力提升提供理论指导与实践指南。

本书的出版得到连云港市软科学项目资助和淮海工学院朱国军、孙军等老师及鄢丽双等同学的大力支持，在此表示衷心感谢。

由于作者水平有限，书中难免存在种种不足，还请各位专家、学者批评指正，以便共同推进我国区域创新发展和创新型国家建设的深入研究。

张宏远　吴价宝

2018 年 6 月

目录

1 总论

1.1 研究背景

自从创新的概念提出以来，创新的思想已经成为当代最重要的理论思想之一，且被视为未来知识经济的核心。如今，世界各国都纷纷把创新作为国民经济发展和社会进步的基本国策。在经济全球化的浪潮中，现代国家的城市也开始转型，一些城市已经率先提出建立创新型城市的目标，并着手实施创新行动。创新型城市建设是创新型国家建设的重要载体和单元，对建设创新型国家具有重要意义。

党的十八大明确提出“科技创新是提高社会生产力和综合国力的战略支撑，必须摆在国家发展全局的核心位置”，强调要坚持走中国特色自主创新道路、实施创新驱动发展战略。习近平总书记围绕实施创新驱动发展战略发表了一系列重要讲话，在 2014 年中国科学院第十七次院士大会、中国工程院第十二次院士大会上强调“我国能否在未来发展中后来居上、弯道超车，主要就看我们能否在创新驱动发展上迈出实实在在的步伐”。李克强总理在 2015 年达沃斯论坛上指出要用好创新这把“金钥匙”，使中国经济保持中高速增长、迈向中高端水平，打造中国经济“升级版”，可见创新已成为“新常态”下的主旋律。2016 年国务院印发《国家创新驱动发展战略纲要》，提出到 2020 年，中国要进入创新型国家行列，基本建成中国特色国家创新体系，有力支撑全面建成小康社会目标的实现。党的十八届五中全会明确了创新发展作为我国“十三五”时期经济社会发展的主路径，创新已然成为我国“新常态”下的主旋律。党的十九大指出我国经济社会发展进入新时代，再次明确加快建设创新型国家的战略目标，创新是引领发展的第一动力，是建设现代化经济体系的战略支撑。

城市是区域经济社会发展的中心，是国家经济产出最重要的基地，是各类创新要素和资源的集聚地，城市的发展对区域和国家的发展全局影响重大。加快推进创新型城市建设，对于增强自主创新能力、加快经济发展方式转变、促进区域经济社会又好又快发展和建设创新型国家意义重大。当前，我国城市正处于发展转型的关键时期。在工业化、信息化、城镇化、市场化、国际化深入发展的新形势下，城市发展要破解人口、资源、环境等瓶颈制约，解决经济发展的技术含量不高、产业结构失衡和生产方式粗放等问题，必须走创新驱动、内生增长的发展道路，探索符合科学发展观要求的城市发展新模式。建设创新型城市，是我国城市发展转型的内在要求，也是探索城市可持续发展道路的积极实践。建设创新型城市，是党中央、国务院在新的历史条件下做出的重大战略部署。创新型城市既是展示一座城市综合实力和竞争力的一块金字招牌，也是这个地区实施创新驱动战略的重要载体和抓手，涵盖了创新投入、企业创新、成果转化、高新产业、科技惠民、创新环境等多方面内容。因此，创新型城市是创新型国家建设的重要组成部分，创新型城市具有经济社会发展水平高、创新资源集聚的优势，具备率先发展和辐射带动的条件。实现进入创新型国家行列的战略目标，必须有一批城市率先实现创新驱动发展，提供有效支撑。与此呼应，国内许多城市也都提出了“创建创新型城市”的目标，创新型城市建设对创新型国家建设起着决定性的作用。

江苏省作为我国经济强省，要努力加快建设创新型省份。在“2017年中国区域创新能力评价报告”中的中国区域创新榜单上，广东省打破了过去9年里江苏省保持首位的格局，跃居第一名，江苏位居第二名。总结过去，江苏省的创新优势集中体现在企业创新方面，具有良好的创新氛围、宽松的创新环境及雄厚的创新基础。从主要科技创新指标情况看，江苏省科技进步贡献率达到61%，高新技术产业产值超过6.7万亿元，全社会研发投入超过2 000亿元，并从科技体制改革、强化企业创新主体地位、突出产业技术创新、优化区域创新布局、产学研协同创新和完善创新创业生态等方面持续推进江苏省科技创新工作。但是，这些成绩放到全国乃至全球的坐标中去衡量只是暂时的，也是有差距的。值得关注的是，深圳加快集聚全球创新资源，将其打造成为世界产业科技进步的策源地和产业科技创新的主阵地，究其原因得益于创新型城市建设。因此，我们要居安思危，进一步发挥创新驱动作用，要在全球创新新时代背景下展开深入系统化分析。

江苏省加强创新型省份建设，要依托13个地级市。目前，江苏省共有南京、苏州、无锡、常州、镇江、扬州、南通、泰州、盐城、连云港10个创新型试点城市。连云港于“十一五”时期提出建设创新型城市，2011年被科技部批准为国家创新型试点城市，创新型城市建设成为连云港发展的首要选择目标。对于连云港来说，加快推动科技创新具有特殊的意义。总结改革开放以来江苏省发展的成功经验，先后经历20世纪80年代的乡镇企业发展、90年代的外向型经济发展和21世纪以来的创新驱动转型发展三个重要阶段，前两个阶段连云港都没有充分把握，与江苏省其他城市尤其苏南城市形成了发展差距，如果第三阶段再比“别人”慢，就会导致差距越来越大。此外，连云港正处在经济快速增长的发展期、转变发展方式的关键期和全面小康建设的攻坚期。一方面，连云港处于国家“一带一路”交汇点的核心区，搭上了长江经济带建设新一轮发展的快车，国家东中西区域合作示范区建设的全面启动、江苏省沿海开发的加快推进、国家创新型试点城市的建设等多个战略都惠及连云港。江苏省继《苏北地区工业发展纲要（2008—2012）》后，出台实施第二个《苏北地区工业发展纲要》，实施期为2013—2017

年。2013年年底，江苏省制定实施《关于加快推动科技资源向苏北集聚的意见》，为连云港等苏北城市的加快发展提供了重大历史机遇，连云港的地缘优势和政策优势将得以发挥。另一方面，经过多年的发展和积累，连云港新型工业化逐步推进，三新产业迅速发展，信息化与工业化向深度融合，这为全市自主创新发展奠定了坚实的基础，而且经过“十二五”时期的努力，自主创新迈上了新台阶，取得了新进展，这也为后续的科技创新工作提供了宝贵经验借鉴和发展模式选择。当然，连云港也面临着国内外经济环境变化所带来的严峻挑战。全市的产业基础相对薄弱，结构不够合理，高新技术企业不够多，产业竞争力还不强。当前及未来，连云港必须抓住国家战略机遇，利用好省里给的各项政策措施，大力实施创新驱动发展战略，加快推进国家创新型试点城市建设，大力引进技术和人才，加强科技成果转化和产业化，更好地发挥科技创新对经济社会发展的重要引擎作用，凝聚发展内生动力，提升长远发展竞争力，增创发展新优势。特别是随着近年来“一带一路”倡议的深入实施，连云港在新时代下作为“一带一路”重要节点城市，要想“高质发展”，必须选择具有苏北特点、连云港特色的创新发展之路，大力实施国家创新型试点城市战略，加快建设现代化国际海港中心城市，在创新园区及产业建设、创新人才引进、创新国际化等层面联合发力，才能实现高质发展、后发先至的新目标。因此，客观全面地分析连云港创新型城市建设的发展变化，研究连云港如何在新时代中脱颖而出显得尤为重要。与此同时，总结连云港在创新型城市建设中的问题和经验，进一步在发展过程中不断强化体制机制和建设模式探索，也必将在整个创新型城市建设过程中具有激励和带动作用。

1.2 基本理论

1.2.1 创新型城市的内涵

从目前的文献研究来看，创新型城市的英文表述有两种：“creative city”和“innovative city”。“creative city”的说法主要来自欧洲（英国、荷兰等）的一些研究文献，主要是指对城市面临的问题提出具有创造性的解决办法，并由此带来的城市的复兴。这些问题包括交通管理、产业发展、城市生态、种族融合等。相对于“creative city”，“innovative city”的提法包含了目前关于创新型城市研究的主流含义，主要研究“创新（innovative）”作为驱动力的一种城市经济增长和经济发展模式，并不断融合社会发展的理念和思想。2010 年 4 月，科技部印发《关于进一步推进创新型城市试点工作的指导意见》，对“创新型城市”进行了界定：创新型城市是自主创新能力强、科技支撑引领作用显著的城市。

立足于不同的创新视角，创新型城市有不同的内涵，有广义的全面创新型城市，也有狭义的以文化艺术等创意产业为主的文化创新型城市，以及在很多地区通常意义上所指的以自主创新为主要驱动力的科技创新型城市。

为更有利于指导经济社会发展实践，创新型城市应是以科技创新为核心动力的创新型城市，而把技术、文化、体制、管理等的创新作为创新型城市的基本组成要素。因此，创新型城市的内涵是指，在新的经济条件下，以创新为核心驱动力的一种城市发展模式。它一般是由区域科技中心城市发展演变而成的，是知识经济和城市经济融合的一种城市演变形态，完善的城市创新体系是创新型城市的主要特征，通过集聚和配置创新资源，在不断促进城市自我平衡和发展功能调整的基础上，推动建设创新驱动的集约型城市经济增长模式，最终实现城市的可持续发展。

创新型城市一般包括以下四个方面内涵：一是从城市发展的驱动力来看，创新型城市应是以知识资本、人力资本为核心创新驱动要素的一种城市发展模式；二是从城市的发展演变上看，创新型城市是由科技和文化中心城市发展演变而来的，是知识经济和城市经济发展融合的产物，科技创新能力或知识竞争力是城市的核心能力；三是从系统角度来看，创新型城市是一个复杂的城市创新系统，创新型产业和创新型企业是其主要构成主体，高技术产业、信息产业、现代服务业和创意产业成为主要的基础产业；四是从城市的发展机制和目标上看，创新型城市在区域、国家乃至全球竞争体系中，集聚和配置创新资源，并在此基础上，建立创新驱动的集约型城市经济增长模式，最终目标是实现从城市的传统发展观向科学发展观的根本转变，实现经济增长方式由要素和投资驱动向创新驱动的根本转变，实现从不平衡发展向和谐、协调发展的转变。

1.2.2 创新型城市相关理论

（1）创新型城市的构成要素

创新型城市的构建需要要素支撑和条件支撑，国内外许多学者从创新型城市建设的硬件条件、政策支持、文化氛围、创新意识等方面进行了总结。综合各方观点，本书认为，创新型城市包括四个内部创新要素和两个外部驱动要素。

①内部创新基本要素。创新型城市具有四个内部创新基本要素：创新主体、创新资源、创新制度和创新环境。

创新主体——创新活动的行为主体，包括企业、大学、研究机构、中介机构、政府等机构创新主体，以及以产业集群、产学研联盟等形式存在的创新群主体。

创新资源——创新活动的基础，包括基础设施、信息网络、技术、知识、资金等。

创新制度——创新体系有效运转的保障，是影响生产力发展的首要因素。创新制度首先包括明确政府在创新体系中的地位，明确定位自身角色，其次还包括激励、竞争、评价和监督等创新机制，以及政策、法律法规等创新政策。

创新环境——创新型城市建设的外部保障因素。创新型城市建设离不开创新环境的支持，创新环境包括硬环境和软环境两个方面。硬环境包括信息网络、科研设施，软环境包括创新政策、法律法规、文化等，以及参与国际竞争与合作的外部环境。创新能力强的城市一般拥有良好的创新环境，而创新环境较差的城市的创新能力也较弱。

创新主体、创新资源、创新制度与创新环境共同作用、协调互动、有机配合，形成创新型城市的自我平衡发展机制，推动城市形成持续创新能力。

②外部驱动要素。政府的“推动”作用和市场的“拉动”作用非常关键，共同构成创新型城市建设的外部驱动要素，共同作用于整个城市创新体系。

（2）创新型城市的主要特征

根据创新型城市的定义，创新型城市的特征可以总结如下：

①从城市发展的驱动力来看，“创新”是城市发展的使命和动力。技术创新、知识创新、服务创新和制度创新等是创新型城市的基本要素，创新人才、资本与产业是驱动城市发展的核心动力。创新活动已经成为城市发展的新的功能和模式，城市不仅是新方法、新产品、新市场的诞生地，并且能利用创新来重组资源从而提升城市的综合竞争力。

②从网络系统角度看，创新型城市是一个复杂的城市创新网络，各种创新主体涌现，在创新资源、创新制度、创新文化的支撑下，形成城市内部创新系统，进而以城市内部创新要素为支撑，形成城市持续创新能力。完善的城市创新系统是创新型城市的主要特征。

③从城市发展的机制看，创新型城市一般由中心城市演变发展而来，具有较强的区域影响力，对其他区域具有带动和引领作用。创新型城市不是孤立存在的，通过将城市创新能力资本化、产业化等途径，与周边城市形成分工协作关系，在区域、国家乃至全球竞争体系中，集聚和配置创新资源。

概括来说，创新型城市应具备创新性、系统性、可持续性、集聚性和开放性五个核心特征。2013 年 5 月 11 日，丁学良教授在深圳“创新型城市：战略与路径”高峰论坛上总结了创新型城市的核心特征：人口构成与思想管理的多元化；良好的教育体系；有以高科技或者创新为特色的企业、产业；非常好的艺术生活；非常好的金融机构；良好的法律机构。

（3）创新型城市的主要类型

①科技创新型城市。此类城市的特征是拥有许多一流高校和科研机构，有较强的科教资源优势，科研实力雄厚。城市通过实施自主创新战略，将发展高新技术产业作为重心，并将其发展成支柱产业，推动城市

的产业结构优化。此类典型的城市有韩国大田、美国硅谷、中国南京等。

②文化创新型城市。此类城市除了具有较高的经济发展水平之外，还具有十分丰富的文化资源。通过利用丰富的文化资源，大力营造和提升整个社会的创新文化氛围，发展文化创意产业，从而促进创新型城市的建设和发展。英国伦敦、法国巴黎等都是该类城市的典型。

③工业创新型城市。该类城市的典型代表是堪萨斯。其具有雄厚的工业基础，拥有较强的科技实力，通过利用人才、技术等资源，发挥良好的区位优势，对传统产业实施改造，提高产业的科技发展水平，从而提高科技竞争力。

④服务创新型城市。该类城市的主要特征是第三产业高度发达，社会综合服务能力也较强。服务创新型城市通过不断创造新的服务来满足人类的各种需求，该类城市的社会福利水平较高，政府致力于人们的教育、休闲、娱乐、安全等方面，通过满足人们日益增长的服务需求提高城市的综合竞争力。该类典型城市有中国香港、美国纽约等。

（4）创新型城市的基本模式

在新经济条件下，创新型城市的建设与发展主要受到政府和市场两种力量的作用。从政府与市场的不同组合来看，创新型城市的建设可以分为三种模式：政府主导型发展模式、市场导向型发展模式和混合型发展模式。

①政府主导型发展模式。城市政府制定明确的创新型城市发展战略，制定和颁布相关政策措施，主导基础设施投资，推动创新资源要素向城市集中，创造有利于创新的文化氛围，引导创新型城市建设。新兴国家一般采用此发展模式。

②市场导向型发展模式。市场导向型发展模式在市场配置资源的前提下，主动寻找技术上的突破和创新，自发地形成产业创新集群以及有利于创新的环境。该模式适合市场高度发达的工业化国家。

③混合型发展模式。该模式是在创新型城市建设中汲取政府和市场两种力量。一方面，利用政府的力量推动公共设施的完善；另一方面，充分运用市场机制推动创新要素向城市流动。

从创新型城市建设的经验和实践来看，西方发达国家越来越重视政府引导下的有目的性的城市规划，以保证城市的发展方向；而发展中国家则比较重视市场导向的力量，使城市形成完善的市场体系。因此，长远来看，创新型城市的建设和发展将会趋向于混合型发展模式。

（5）创新型城市的综合评价

西方发达国家的发展经验表明，一个国家或地区人均 GDP 达到 3 000 美元左右时，就应该进入创新导向阶段。这一阶段也是工业化从中级阶段转向高级阶段的快速发展时期。这个时期，资本、土地资源等传统生产要素对经济增长的贡献率出现递减现象，而技术创新、知识进步日益成为推动经济社会发展的主要动力；它的主导产业逐步向高加工度、精细加工为主过渡；它的经济增长方式由传统的高能耗、高物耗、高投入转向依靠科技进步为主导的集约型增长。当前我国，特别是江苏省正处于这一转向的关键时期，实现创新导向尤为迫切。面对这样的历史境遇，党中央提出建设创新型国家战略，无论是从国际大环境，还是从我国的国情来看，都显得十分重要而紧迫。

国外对城市创新的评价理论，主要有理查德·佛罗里达（Richard Florida）教授提出的创新力指数、兰德利（Landry）提出的城市创新资源和活力评价矩阵、迈克尔·波特（Michael E. Porter）教授等人提出的创新指数。国内理论研究机构和学者也基于不同视角，提出了不同的城市科技竞争能力评价指标，如中国社会科学院倪鹏飞主编的《中国城市竞争力报告》将城市的科技竞争力分解为科技实力指数、科技创新能力指数、科技转化能力指数等 3 个一级指标和 9 个细化二级指标，上海社会科学院提出的城市创新力评价指标体系包括创新条件、创新意识、创新文化、创新主体、创新规划等 5 个分析模块和 17 组指标。全国科技大会以后，国内一些城市立足城市发展战略，提出了创新型城市评价指标体系，如深圳推出的《自主创新型城市评价指标体系》，从“创新主体”“创新环境”“创新绩效”三大领域评价城市的自主创新能力，上海的“张江指数”从创新环境、创新主体、创新人才、创新技术、创新成果和创新水平等 6 个方面共 22 个指标来综合反映张江园区的创新能力和水平。此外，广州、北京、合肥、济南、青岛、成都、杭州、南京、广州等大中城市也分别提出了适合地方自身的城市创新能力评价指标体系。

以杭州市为例，浙江大学魏江教授在其完成的《创新型城市的基本内涵、指标体系与杭州的实现度研究》课题中曾对上海、北京、南京、广州、杭州、宁波等国内20多个城市的创新型城市实现度作了对比研究，认为杭州在建设创新型城市的过程中，优势之一体现在创新资源集聚上。杭州作为浙江省的政治、经济、文化中心，集聚了浙江省大部分的高校、科研机构和超过全省40%的R&D经费和近40%的科技经费。在20个比较城市中，杭州的资金投入和人才投入水平均达到平均水平以上。优势之二体现在创新环境培育上，按照课题组提供的报告，在参评的20个城市中，杭州在创新环境分项上的得分仅落后于北京和上海，排在第三位。从企业的现实反映来看，杭州在支持创新的基础设施建设方面做得比较到位，尤其在信息化和电子政务普及方面表现较好，城市本身具备较好的吸引和留住人才的条件。但在比较中也可以发现，杭州在创新主体和创新绩效方面表现不佳，创新主体方面具体表现为企业创新能力和创新动力不足，创新绩效方面具体表现为高新技术产业化指数与创新型城市的标准差距最大，科技促进经济社会发展指数与创新型城市标准差距较大，每万人授权专利数目前大概是标准值的1/3。

创新型城市衡量的侧重点不同，评价指标也各不相同，有的侧重于衡量科技创新能力，有的侧重于城市创新文化，有的侧重于创新体系的建立等。根据对创新型城市基本要素的理解，我们认为衡量创新型城市应立足于创新型城市的基本要素，包括一个城市的技术创新能力、创新人才、创新产业、创新体系以及创新环境、创新重点等方面，综合这些方面的评价指标构成创新型城市的评价体系。

（6）创新型城市的研究综述

通过对国内外相关理论的研究梳理，其对创新型城市建设的总结启示为：

①创新型城市的提出根本上是一种城市发展模式的变革，是21世纪城市知识化发展的主要形态。从当今现代城市发展趋势看，城市间的发展竞争越来越集中在科技竞争和创新能力的竞争，创新已经成为城市

经济发展重要的内在动力和决定性因素，城市竞争力越来越依靠知识和人才的创新驱动作用。创新型城市是以创新为驱动力的一种城市发展模式，是城市发展知识化和高级化的产物。

②创新主体、创新资源、创新体制和创新环境是创新型城市的内部核心要素。创新型城市发展必须融入知识经济和全球化浪潮，在全球范围内吸取创新的资源和力量，形成城市持续创新能力，支撑城市转变经济发展方式和可持续发展。城市创新与城市经济社会发展是一个良性循环的反馈过程，城市创新提供城市发展的动力，城市发展支撑城市创新，不断推进城市向更高级的创新形态演进。

③并非所有城市都适合建设创新型城市，建设创新型城市要具备一定的基础和条件，如经济较发达、政府治理效率较高、科技资源聚集等。针对我国的国情，区域科技中心城市更有条件和实力建设创新型城市，在推进区域科技中心城市向创新型城市转变的过程中，政府将起到十分重要的作用。一方面，政府将承担推动区域科技中心城市向创新型城市转变的重任，凝聚城市资源和力量，为城市建设提供资金、人才、政策等有利条件；另一方面，在创新型城市建设的过程中，政府还将建立包括实施宏观调控和战略引导，保障经济、科技与环境的协调发展，平衡各阶层之间的利益分配等的协调机制，以保持城市利益主体目标与城市发展目标一致。

④我国的创新型城市建设是在国家自主创新战略的基础上提出来的，更加注重科学、技术和制度的创新，特别要发挥科技对经济和社会的支撑引领功能，实现经济增长方式向创新驱动型模式的转变，加速形成国家、区域和城市的核心竞争力。

2 国内外创新型城市建设的模式与经验

众多建设创新型城市的经典案例告诉我们，基于不同的科技能力与经济实力，选择不同的发展道路，个性迥异的城市亦能殊途同归，实现建设创新型城市的愿景。下面总结了国内外典型的创新型城市，结合其兴起背景和发展历程，探究建设创新型城市的成功之路。

2.1 国外建设的模式与经验

国外对创新型城市的研究和实践已经持续了几十年时间，国外的创新型城市大多集中在已经实现现代化和城市化的城市，并基于城市自身条件的差异，为创新型城市建设注入了不同的创新元素，展现了不同的发展模式和创新路径：有的以科技创新为主导，有的偏重知识创新、文化创新，有的偏重产业创新。

（1）注重科技创新发展的城市

注重科技创新发展的城市以印度的班加罗尔、日本的筑波、韩国的大田、加拿大的渥太华等为代表。其主要特点是政府主导，拥有良好的自然生态环境、一流的教育科研机构、雄厚的科技实力，具备较强的创新能力与明显的产业优势。

（2）注重文化创新发展的城市

注重文化创新发展的城市以芬兰的赫尔辛基、法国的巴黎、西班牙的巴塞罗那、美国的西雅图、英国的伦敦等为代表。其主要特点是处在时代前沿，对世界潮流具有引领作用。其经济已高度发达，有足够的人力、物力和财力去进行文化创新。这些城市把知识、创意文化元素作为城市发展的重要资源和创新引擎，创意产业作为城市的支柱产业，是一种典型的“文化知识型城市”。例如，英国伦敦：欧洲创意中心。伦敦是英国的金融和商业中心，是世界著名金融和贸易中心之一，伦敦作为典型的创新型城市，其发展的突出特点在于它发达的文化产业。英国政府自 1994 年就开始重视文化产业的发展，将其列为国策之一，伦敦对创新型城市建设十分重视，提出文化发展战略，同时设立专门评估委员会，进一步促进伦敦文化产业的发展。在创新型城市建设过程中，伦敦尤为重视创意产业的发展，目前，文化创意产业已经成为伦敦的主要经济支柱之一。其主要成功因素概括如下：第一，在政府主导下制定完善的创新战略，创新型城市建设有条不紊。伦敦为建设创新型城市，首先明确了城市发展目标，凭借城市拥有的丰富创造力与文化内涵，定位于文化创意产业的发展。在政府的推动下，帮助中小企业实现创新融资，在全社会打造浓厚的创新氛围。第二，积极发挥“第三部门”的作用，构造创新体系。创新型城市建设之所以在伦敦得到良好发展，除了伦敦市政府的高度重视以外，相关机构提供的具体支持服务也起到了重要的作用。第三，原有经济基础为创新型城市建设提供了物质保障。在建设创新型城市之前，伦敦就已具有十分发达的工业制造能力。伦敦高度繁荣的经济以及资本的充分流动，为创新型城市建设提供了便利条件。第四，注重培养全民的创新理念和意识。伦敦市积极营造创新文化氛围，不仅为广大市民提供接触文化创新的机会，而且为文化产业的发展提供良好的外部环境。伦敦对于创新型城市的建设体现了传统产业向文化产业的转型。

（3）注重工业创新发展的城市

注重工业创新发展的城市以美国的堪萨斯、英国的哈德斯费尔德为代表。它们不是中心城市，但也不是远离中心城市，一般在大都市周边地区，这类城市可以充分利用大都市的人才、技术等优势，加强城市的技术创新能力，提升城市某些工业领域的竞争优势。

（4）注重服务创新发展的城市

注重服务创新发展的城市以美国的纽约、日本的东京、德国的柏林、英国的格拉斯哥等为代表。其主要特点是第三产业发达，社会综合服务能力较强，尤其是政府服务水平和社会福利水平较高。例如，美国的纽约是服务创新型城市。位于美国东北部的纽约，拥有着临海的地理位置优势。近些年，纽约为了适应现代知识型创新城市的发展需要，在自身资源的基础之上，适时调整发展战略，一方面建立了适应经济要求的教育体制，另一方面依托世界第一金融中心的极大优势，大力发展房地产、金融、保险等新兴服务行业。两者齐头并进，共同提升城市的创新能力。纽约在城市建设中十分重视科技，在建立“高科技产业研究园”的基础上，组织了高等院校、企业和研究机构合作，促进产学研合作，研发高端科技产品。同时，纽约市几十所高等院校纷纷创建适应社会发展的新学科，为企业输送人才精英。纽约市的举措经过实践的检验已经取得了显著的效果。

（5）注重全面创新发展的城市

注重全面创新发展的城市以美国波士顿、亚洲的新加坡等为代表。其主要特点是拥有强有力的制度和物质基础，广泛运用科技推动经济增长，软件、金融等现代服务业发达，人力资本雄厚，创意阶层人数众多。

2.2 国内建设的模式与经验

2.2.1 深圳建设的模式与经验

深圳是我国第一个获批的国家创新型试点城市，也是建设创新型城市的典范城市。目前，以自主创新为特征的高新技术产业成为城市第一支柱产业，并初步建立起以市场为导向，以产业化为目的，以企业为主体，官产学研资介紧密结合的比较完整的区域创新体系，涌现出一批以华为、中兴为代表的自主创新企业群体，造就了一支富于创新精神的企业家和技术专家队伍，拥有了一批自主品牌和大量技术专利，形成了崇尚创新、宽容失败、脚踏实地、追求卓越的新时代创新文化。深圳在创建国家创新型城市中，始终把握以下要求：把自主创新作为深圳城市发展的主导战略，以提升国际竞争力为目标，以实现科学发展为根本，以聚集创新人才为关键，以产业创新为重点，大力推进科技创新，增创体制机制新优势，促进经济、社会、文化等领域的全面创新，把深圳建成创新体系健全、创新要素集聚、创新效率高、经济社会效益好、辐射引领作用强的国家创新型城市。现今，深圳向创新型城市的主动转变，既是产业结构纵向的主动升级，也是创新战略由产业向城市的横向扩展。深圳向创新型城市的转变对于其他后劲城市的发展也具有很深远的启发意义。其主要成功因素概括如下：

（1）重视创新人才，弥补创新要素短板

在提出建设创新型城市的同时，深圳重点关注了人才问题。一方面，设立创新人才奖，对做出突出贡献的创新型人才给予奖励，积极引进外来人才；另一方面，深圳建立自身培养创新型人才的机制，通过带薪培训和学术休假制度，鼓励培训机构参与政府主导的人才培训，为深圳孵化企业培训了大量的人才。

（2）运用高新技术骨干企业引领技术创新

深圳的科研机构主要集中在企业，具有发展产学研合作的先天优势。在建设创新型城市的过程中，深圳充分发挥其市场优势和企业优势，形成以企业为主体的自主创新体系：小企业是创新的源泉；大企业是创新的主要力量、组织者和引领者；企业家是创新活动的核心。深圳在世界 500 强中的科技企业高居国内榜首，且均为土生土长的中国民营企业。如果考虑未来 5～10 年有望进军世界 500 强的比亚迪、大疆科技、华大基因等创新种子选手，深圳将成为中国乃至世界的创新高地。深圳在创新企业领域另辟蹊径，培育出一系列世界级的本土科技创新大企业，到全球各地攻城拔寨，并越来越呈现出超强的创新辐射能力。

（3）充分发挥区位优势，构建创新合作平台

深圳地理位置毗邻中国香港，是中国内地与世界交往的主要门户之一。深圳注重国际技术经济交流合作，积极打造自主创新的国际交流平台，形成了两大国际化展会——高交会和文博会，这两大展会已经成为科技创新领域的重要平台。

（4）政府主导，引领创新之路

建设创新型城市，政府要有建设重点，有所取舍。对于能够长期推动城市发展的支柱产业，应集中创新要素和资源大力发展。通过这种政策性的倾斜，深圳成功走出了一条基于高新技术支柱产业建设创新型城市的路子。

2.2.2 北京建设的模式与经验

北京始终将创新作为城市发展的灵魂和不竭动力。利用资源禀赋作用，北京充分依托其高校资源，高立目标，不断创新，计划到 2020 年，进入世界创新型城市的先进行列。从其创建过程来看，北京建设创新型城市主要是基于其技术创新优势和人才优势，着力推进了五个方面的重点工作：一是大力发展对经济增长有重大带动作用、具有自主知识产权的核心技术和关键技术，发展高端产业，在推动首都经济结构调整和增长方式转变上实现新突破；二是落实科技行动计划，依靠科技解决城乡建设与管理中的难题，在科技支撑社会发展上实现新突破；三是按照“重要载体、强大引擎、服务平台、前沿阵地”的定位要求，充分发挥中关村科技园区的示范带动作用，在推进提高首都自主创新能力上实现新突破；四是发挥高等院校、中央在京科研机构在知识创新和技术创新中的基础和骨干作用，在整合首都创新资源、服务国家创新战略上实现新突破；五是创新体制机制，强化企业在技术创新中的主体地位，在建立以企业为主体、市场为导向、产学研相结合的技术创新体系上实现新突破。

2.2.3 上海建设的模式与经验

上海从全面创新的内涵出发，立足建设创新型世界级城市，以技术创新为主线，全面推动教育文化和学习的创新、思想观念创新、发展模式创新、体制机制创新、对外开放创新、城市管理创新和企业管理创新。上海强调创新的意识、创新的精神、创新的使命、创新的激情和创新的动力要贯穿到城市建设的各个方面，进而营造出了全社会的创新环境，造就一大批创新型人才，培养一大批创新型企业家，完善城市各类产业的支撑体系和众多产业集聚，创造了一大批拥有自主知识产权的品牌，构建了城市自主创新体系。同时，上海善于利用各项国家政策，把握长三角一体化发展机遇，积极打造创新型城市需要的创新平台。

2.2.4 广州建设的模式与经验

广州经过多年的努力，基本建立了以企业为主体、政府为主导、市场化运作、产学研相结合，适应市场经济体制和科技自身发展规律的自主创新体系，掌握了一批具有自主知识产权的关键技术，打造了一批具备自主创新能力的创新型企业，形成了一批具有核心竞争力的产业集群，并逐步使创新成为驱动经济社会持续、快速、协调、健康发展的内在动力和主导力量。通过创新驱动发展，广州成为国内产业技术发展和产业升级的“排头兵”，成为中国参与世界产业分工贡献最大的城市之一，也是国内产业科技投入、产业效益最高的城市之一。同时，在创新型城市建设中，广州注重打造岭南地域文化特色，目前已成为国内地域文化特色最突出、最显著的创新型城市之一。

2.2.5 合肥建设的模式与经验

合肥正从科教基地逐步迈向科技创新型城市。2004 年 11 月，科技部批准合肥国家科技创新型试点城市实施方案。试点城市的实质是以科技创新推进结构调整和经济增长方式转变，以提升科技创新能力、增强经济综合竞争力，成为国家中部崛起战略的重要举措之一。合肥建设科技创新型城市是基于其科教资源优势显著，作为全国四大科教基地之一，合肥拥有雄厚的科研基础。安徽出台了一系列政策，强化创新型城市建设工作的有序推进。目前，合肥已建成区域科技创新体系和科技创新示范区，企业自主创新能力、城市科技创新能力和吸纳国内外科技资源能力也显著提升，并成为国内重要的高新技术研究与产业化基地和全国重要的科技创新型城市。

2.2.6 南京建设的模式与经验

南京是全国重要的科教中心，科教资源禀赋优势非常突出。近年来，在建设全面小康社会的进程中，南京基于科教资源的自主创新，探索新型工业化道路的实现机制，寻求建设创新型城市的模式和路径，并且以开放的姿态主动融入全球化经济，逐步达到创新型城市的基本要求。南京独特的自主创新模式可以用“12345”来概括，也就是一大平台、两大机制、三路大军、四大载体和五大领域。一大平台即基于科教资源优势的政产学研结合平台；两大机制，就是市场机制和政府强力推进机制；三路大军即地方政府、高新技术科研机构、企业三路创新大军；四大载体，就是从技术链路径上形成的“国家重点实验室、各类高新技术企业孵化器、各类科学园科学城及各类国家级开发区”四大创新载体；五大领域，指技术创新和技术转移在“电、汽、化、新、服”五大高科技产业重点突破，也就是电子信息产业、汽车工业、石化工业、新型的高科技产业和现代服务业成为创新型城市的支柱产业。南京依靠自主创新建设创新型城市的道路，成为我国经济社会发展转向又好又快发展的新模式的又一个典型。总之，南京的创新型城市建设，就是依托全国科教中心优势，在“两个机制”的共同作用下，通过“三路大军”的协同努力，借助“四大载体”，把高等院校和科研机构的知识创新资源，通过有效的技术转移机制，集中地配置到“五大领域”为主的城市支柱产业上，探索出了一条以创新驱动持续发展的道路。

2.2.7 常州建设的模式与经验

常州从 2006 年开始正式启动创新型城市建设，经过十多年的发展，技术创新体系和区域创新体系基本形成，整体创新能力位居全省前列。截至 2014 年年底，常州共认定高新技术企业 986 家，上市企业中科技企业比重达 86%。十大产业链建设总体进展顺利，完成产值 3 520 亿元。累计引进 1 800 多个领军人才创新创业团队，推动了一批关键核心技术和重大成果实现突破。常州在创新型城市建设上迈上了新台阶，归根结底在于把创新驱动作为根本出路，坚持“机制创新、重点突破、开放合作”三大原则，努力提升科技创新能力和产业竞争力，重点抓好了六项任务：一是进一步完善优化了创新载体，重点围绕园区、平台、孵化器等三个层次，继续提升创新平台建设，发挥重点平台对创新的支撑引领作用。二是进一步做优做强创新主体，着力提升企业研发能力，培育创新型企业集群，创优企业创新环境，让企业真正成为技术创新决策、研发投入、科研组织和成果转化的主体。三是进一步培育壮大创新产业，深入实施“三位一体”战略，大力推动业态融合创新，推动科技创新与产业发展双轮互动。四是进一步建立健全创新机制，健全技术创新市场导向机制，完善鼓励创新利益导向机制，深化政府科技管理体制改革。五是进一步开放集聚创新资源，更要善于利用国内外两种资源，加强科技资源、高层次人才和金融资本的引进，更好发挥政府、企业和社会的力量，在深化开放合作中加快集聚优质创新资源。六是进一步优化创新生态，切实加强创新成果保护，努力营造良好社会环境。

2.3 国内外建设模式的经验启示

城市创新是一种全方位覆盖、全社会参与、全过程联动的城市整体创新，涉及所有社会领域，没有全社会支持、全行业参与，难以构筑起真正有效的创新体系。与国内外发达地区推进创新型城市建设模式相比，连云港创新型城市建设的政策举措主要以科技投入和税收优惠政策为主，而缺乏政策的集成度和协调性，也不太重视城市整体文化素质以及全体市民在促进创新中的作用。总的来说，上述建设模式与经验对连云港创新型城市建设具有以下几个方面启示：

(1) 科技创新是全面创新的基础和前提，是建设创新型城市的核心

没有技术创新便没有经济的发展，从而没有支持全面创新的基础。

尤其是像连云港这样一个处于新型工业化发展中间阶段，还没有完全实现现代化和城市化过程的城市，其基本上处于城市创新发展的启动阶段或活跃阶段。因此，科技创新对连云港城市发展关系重大，一方面要实现原始创新、引进创新和消化吸收再创新相结合，另一方面要坚持新兴产业创新与传统产业创新并进。

（2）创新是一个全方位、全民参与的系统工程

创新涉及科技创新、产业创新、制度创新、体制创新、管理创新、组织创新、文化创新、思维创新等多个方面。创新是经济全球化和互联网时代下推动城市进一步发展、提高竞争力的重要手段，是发展循环经济、强调低碳环保、打造智慧城市的动力源泉，更是当前我国经济新常态下的一种新的经济社会发展观。尤其是对科技创新已有一定基础的、经济发展态势总体较好的连云港来说，创新发展的自身规律和趋势也必然要求城市从科技创新向制度创新、管理创新、组织创新、文化创新等保障支持系统拓展，从科技兴市战略走向全面建设创新型城市。这就要求连云港在推进创新型城市建设中，要发挥“1+1>2”的作用，坚持政府为主导，汇聚全社会各方资源，鼓励大家共同参与建设。

（3）创新体系的建立关系到创新型城市各项战略部署的落实机制

技术创新的核心是科技与经济的结合，其最终成果不仅仅是获得研究与开发成果，更是研发成果的商品化。技术创新是一个连续的过程，这就要求连云港在这一过程中，将涉及的企业、政府、科研机构等创新行为主体置于网络体系下，要以市场为导向，合理优化配置创新资源，共同推动城市新技术、新知识的产生、流动、更新和转化，使创新资源供给规模扩大或结构改善、城市技术创新能力增强、经济发展方式转变、产业结构调整，促进城市创新能力和综合实力的提高。

（4）创新型城市软环境的建设、创新文化的培养必须提到议事日程

城市创新文化、创新氛围软环境、创新制度环境的建设关系到创新型城市的持续发展，城市竞争力最终的竞争核心将集中在城市软环境的建设上。连云港应加强城市环境对创新型人才的吸引、外来文化的包容、城市文化的传承、创新氛围的营造等，这既是连云港工业化和城市化高速发展的助推器，也有可能成为连云港进一步保持竞争力的瓶颈。

(5) 注重城市的个性化发展

创新型城市需要具备一些基本的要素，同时需要城市认清自身优劣势和自身文化传统，制定有针对性的、个性化的城市发展规划和战略。当前，连云港面临着多个国家战略，在新医药等产业创新上取得了突破，并积极培育西游主题文化。因此，创新型城市虽具有共同的基本要素，但连云港可以选择适合城市个性的发展模式与突破口，在服务业创新、产业创新或者文化创新上独树一帜。

3 连云港国家创新型试点城市建设的实践发展

3.1 我国推进创新型城市建设的发展过程

自 20 世纪 80 年代开始，我国的科技创新先后经历了多次重大变革，1985 年中央做出“经济建设必须依靠科学技术、科学技术工作必须面向经济建设”的决定，1995 年确立实施科教兴国战略，2006 年把“提高自主创新能力、建设创新型国家”作为国家发展战略的核心和提高综合国力的关键。2008 年 6 月 12 日，深圳被国家发改委批准为全国第一个创建国家创新型城市试点，全国创新型城市建设拉开帷幕。尤其是在新的重要历史关头，党的十八大旗帜鲜明地提出“实施创新驱动发展战略”，强调“科技创新是提高社会生产力和综合国力的战略支撑，必须摆在国家发展全局的核心位置”，从全局和战略高度赋予了科技创新前所未有的定位和责任，自主创新型城市建设又迎来一个新的里程碑。

建设创新型城市是建设创新型国家的重要载体和核心依托。建设创新型城市的重要任务就是要构建城市创新体系，城市创新体系既是国家创新体系的重要基础和重要空间节点，也是创新型企业赖以生存的重要环境，在整个国家分层次创新网络中具有承上启下的功能性作用。改革开放以来，我国创新型城市建设取得了突飞猛进的发展，但目前我国科技创新发展的状况与建设创新型国家战略的要求相比，还存在某些不适应，包括科技进步与经济结构调整、经济增长方式转变的迫切要求还不相适应，与实现全面建设小康社会、不断提高人民生活水平的迫切要求还不相适应。因此，贯彻落实创新型国家战略很重要的一个环节，就是要发挥中心城市的龙头地位和重要战略支点作用，建设城市创新体系。通过进一步完善区域创新体系，大力推进城市科技进步和企业自主创新，以点带面，推动生产力质的飞跃，推进经济社会发展切实转入科学发展的轨道。

3.2 连云港国家创新型试点城市建设的发展实践

连云港地处中国沿海中部的黄海之滨、江苏省东北部，南连长三角经济圈，北接山东半岛城市群，东与日本和韩国隔海相望，西依大陆桥经济带，是连接我国沿海和沿陇海线的重要节点城市，全国首批 14 个沿海开放城市之一、中国十大幸福城市之一、新亚欧大陆桥经济走廊首个节点城市、丝绸之路经济带东方桥头堡、国际性港口城市、中国十大海港之一。连云港现下辖 3 县 3 区（原辖 4 县 3 区，2014 年 5 月，经国务院批准，撤销赣榆县，设立连云港市赣榆区；撤销新浦区、海州区，设立新的连云港市海州区），总面积 7 615 平方千米。截至 2015 年年底，连云港总人口 447.37 万人，其中市区人口 207.73 万人，城市化水平达 58.7%。

2011 年 5 月，连云港获批国家创新型试点城市，标志着全市科技创新发展迈上了新的起点。自建设以来，连云港科技创新综合实力迈上了新台阶，走在苏北前列，有力地推动了经济社会的发展，基本实现了国家创新型城市试点建设目标，达到了建设国家创新型城市的要求。

“全员劳动生产率达全国平均水平 1.5 倍以上”的目标设定过高，经过几年努力，连云港全员劳动生产率从 4.58 万元/人提高到 8.63 万元/人，增长 88.2%，基本达到全国平均水平；尽管“全社会 R&D 投入占全市地区生产总值的比重”“市县财政科技支出占财政一般预算支出的比重”与目标存在差距，但是连云港全社会 R&D 投入占全市地区生产总值的比重从 1.17% 提高到 1.71%，增长了 46.2%，并设立了国家创新型城市建设科技专项资金，用于推进国家创新型城市建设，同时加大了科技政策兑现力度，“十二五”期间落实科技税收减免额 35 亿元，居全省第七位、苏北第一位。连云港连续三次获评“全国科技进步先进市”，充分客观地反映了连云港在国家创新型城市试点建设上取得的成绩。

3.3 连云港国家创新型试点城市建设的基本经验

连云港根据区域特色和特征类型，经过多年的国家创新型试点城市建设，因地制宜，积累经验，目前基本形成了创新特色鲜明、区域优势明显的创新型城市发展格局。

3.3.1 发挥创新资源优势，积极构建区域创新体系

（1）强调统筹规划，区域科技创新布局持续优化

连云港市委、市政府每年召开全市科技大会，出台了一系列政策措施，改善科技创新政策和服务环境，布局和推进建设了连云港装备制造、高性能纤维及复合材料、硅材料、新医药等 4 个国家级特色产业基地，获批国家可持续发展实验区 1 个、国家级科技企业孵化器 1 个、省级创新型试点县区 2 个、省级创新型试点乡镇 14 个、省级特色产业园区 8 家、省级科技产业园 6 家、省级文化科技产业园 2 家、省级科技企业孵化器 13 个。省级知识产权战略试点示范实现县区全覆盖。2015 年，国务院批复连云港高新区升格为国家级高新区，科技部批复连云港建设国家级农业科技园区。

（2）强调构建以企业为主体的技术创新体系

连云港充分发挥了企业自主创新的主体地位，以市场配置为主导，

以政府扶持为手段，以增加企业品牌数量和提升品牌质量为目标，加快企业技术创新体系的建设。连云港实施科技企业培育“十百千”工程，培育国家级创新型企业 2 家、省级创新型领军企业 7 家，国家级高新技术企业数超过 178 家，是“十一五”期末的 5 倍多。“十二五”期间，连云港荣获国家科技进步一等奖 1 项、二等奖 7 项，省级科技进步奖一等奖 3 项、二等奖 6 项、三等奖 12 项；中国专利奖金奖 3 项，中国专利奖优秀奖 7 项；6 家企业荣获省企业技术创新奖，占苏北五市获奖数的 86%。恒瑞、豪森、正大天晴、康缘四家药企持续位居中国医药企业创新力排名前列。2015 年，恒瑞公司以 2 500 万美元首付加总额可达 7.7 亿美元里程金，代表中国企业第一次向美国市场转让创新生物药品。

（3）强调构建开放流动协作的知识创新体系

连云港充分发挥中科院能源动力研究中心、省海洋资源研究院等高校科研院所的原始创新优势和人才培育优势，促进科技和人才等创新资源的高效整合，积极筹建科技领军人才创新驱动中心连云港分中心，初步建立了开放、流动、协作的知识创新体系。

（4）强调构建社会化、网络化创新服务体系

连云港探索政府科技创新公共平台建设，启动市科技广场建设，组建省专利信息服务中心连云港分中心，完善知识产权信息利用服务系统、专利技术交易系统和知识产权专家咨询系统。连云港完善科技创新创业孵化服务平台，市科创城创建国家级科技企业孵化器进入科技部答辩环节。连云港建立产学研“绿色通道”，与国内一批大专院校、科研机构建立了协作共建机制，中国药科大学连云港研究院、连云港-东华纤维材料研究院建设启动，支持高新技术成果转化和特色主导产业发展。连云港组织开展“连云港-西安人才与科技合作恳谈会”“南京工业大学与连云港市科技对接交流会”等活动近 30 场，成功推进重点合作项目 100 多个，校企联盟总数发展到 798 家。连云港围绕本市企业创新国际化需求，面向美国、德国、俄罗斯、以色列等全球产业技术创新能力强的国家和地区，引导企业开展国际技术引进和联合研发，并建立紧密合作关系。

3.3.2 培育战略性新兴产业，提档升级高新技术产业

（1）强调创新引领，高新技术产业发展实现高端跃升

连云港国家创新型试点城市建设以来，全市高新技术产业呈现快速发展态势，年均增长幅度超过 26%，工业占比由 33.3% 提高到 39.1%。T800 高强高模碳纤维、6 兆瓦风电机组及叶片、重大新药创制、IGCC 关键技术及装备等涉及新能源、新材料、新医药及装备制造产业创新发展的一批关键核心技术实现重大突破。连云港累计实施“新药创制”国家重大科技专项 69 项，居全国地级市首位，享有“中国医药创新看江苏、江苏医药创新看连云港”的美誉。

（2）强调培植战略性新兴产业

连云港进一步依托科技创新走新型工业化道路，促进信息化与工业化的高度融合，并发挥其示范带动效应。连云港培育了在全国乃至全球具有影响力的产业创新极，即新医药、新材料、新能源，并在改造提升冶金钢铁、石油化工、新型建材等传统产业的同时，加快了新信息技术、现代物流、海洋生物等战略性新兴产业发展，逐步推进了连云港经济发展方式的转变和产业结构的战略性调整。连云港现有国家火炬计划东海硅材料产业基地、国家高性能纤维及复合材料高新技术产业化基地、国家火炬计划连云港新医药产业基地、国家火炬计划连云港装备制造特色产业基地等 4 个特色产业基地。

（3）强调发展现代服务业

连云港在大力发展新兴服务业，改造提升传统服务业的同时，突出发展现代服务业，特别是现代物流业、科技服务业与文化产业的发展。2014 年，连云港纳入科技服务业统计范围的科技服务机构有 50 家，其中企业 18 家、事业单位 32 家，实现服务收入 25.43 亿元，比上一年度增长 11.33%。连云港鼓励与支持物流业技术升级，积极发展物联网技术，连云港港口集团获批建设国家海铁联运物联网应用示范工程，成为全国低碳试点港和科技示范港。连云港积极传承历史文化精髓，凝聚深厚文化积淀，整合文化资源，拓展产业领域，推进文化创新，建设精品工程，提升文创实力。水晶文化创意产业园获批省首批文化科技产业

园，杰瑞科技文化创意产业园获省级文化创意示范园。

（4）强调提升农业科技水平

连云港以提高农业综合竞争力，发展特色增效农业为目标，初步形成了区域化布局、专业化生产、产业化经营的现代农业发展新格局。东海县国家可持续发展实验区顺利推进。东海、灌云、灌南三县被省科技厅确定为江苏省富民强县重点县，赣榆县（2014 年 5 月撤县设区）被确定为省现代农业科技园提升建设重点县。连云港加强关键技术攻关和高新技术研究，在海洋养殖技术培育良种、绿色有机农业生产技术、农产品深度加工等方面取得新突破。“特色果蔬及加工技术集成创新示范”项目列入国家科技富民强县专项行动计划，“东海县优质稻麦新品种生产基地建设及产业化开发”“蛋制品纳米涂膜保鲜新材料研发及产业化”等近百个项目列入国家星火计划。科技超市建设省内领先，省级以上农业园区科技服务超市实现全覆盖。

3.3.3 加快创新载体建设，努力提升创新能力水平

（1）强调能力提升，重大载体平台建设成效卓著

连云港国家创新型试点城市建设以来，全市共新增省级以上工程技术研究中心、企业重点实验室、院士工作站、研究生工作站等重点科技研发机构 128 家。24 家企业研发机构获批为“江苏省重点企业研发机构”，豪森获批为国家重点实验室培育点，中蓝连海、716 所被评为“江苏省百强科技服务机构”。康缘“中药制药过程新技术国家重点实验室”获批为全国中药企业唯一的国家重点实验室，恒瑞“靶向药物国家工程技术研究中心”获批为苏北地区首个国家级工程技术研究中心。中科院能源动力研究中心建设项目通过省级验收，申报的国家重大科技基础设施“高效低碳燃气轮机试验装置”获国家立项，预研项目获省级扶持资金 1 000 万元。江苏省海洋资源开发研究院建成生物信息学平台、细胞工程平台、生物化学平台、化学检测平台和结构生物学平台（LCP 技术平台）等 5 个重点实验室研发子平台，获批建设江苏省海洋药物活性分子筛选重点实验室。恒瑞医药、康缘药业、中复连众等建立了海外研发机构。

（2）强调发挥科技园区创新功能

连云港实施科技集聚战略，强化和提升科技集聚区的科技能力，举全市之力重点打造连云港高新区。2015 年，连云港高新区升级为国家高新区，实行现行的国家高新区的政策。连云港推进了科技产业园、创业服务中心、留学生创业园、大学科技园等特色园区建设，进一步增强了科研服务、成果转化、企业孵化和产业承载功能。淮海工学院大学科技园通过省级验收认定，建有江苏省连云海洋功能材料科技产业园等 6 个科技产业园。

（3）强调推进科技基础能力建设

连云港深入推进与北京大学、清华大学、中科院、中关村等高校院所及单位的合作，与中国药科大学、中电集团第十四所、中国科学院合肥物质科学研究院、北京师范大学、兰州大学等 8 所高校院所建立战略合作关系，重点针对连云港优势产业开展关键技术和共性技术研究、应用基础研究和高技术应用研究。连云港进一步拓展产学研合作内涵，组织开展“连云港-西安人才与科技合作恳谈会”“南京工业大学与连云港市科技对接交流会”等活动近 30 场，成功推进重点合作项目 100 多个，校企联盟总数发展到 798 家，启动建设中国药科大学连云港研究院、东华大学连云港纤维新材料研究院。

（4）强调提升企业技术研发水平

连云港积极支持新医药、新能源、新材料等有行业特色、技术创新能力强的大中型企业建设企业技术中心，目前全市企业研发投入平均增长 20% 以上，大中型企业研发机构建有率达 95% 以上。连云港鼓励企业主动与高校、科研院所联合，共同建立高层次技术中心、重点实验室及产学研中试基地等技术研究开发机构，目前建有 2 家国家级重点实验室、4 家省级重点实验室，省海洋资源研究院海洋药物研发平台获批建设省级海洋药物活性分子筛选重点实验室。

3.3.4 提高全民创新意识，优化创新发展环境

（1）强调营造创新文化氛围

连云港按照国家创新型城市建设的总体要求，把发展观念统一到指

导国家创新型城市建设的实践上来，强化抢抓机遇、奋发有为意识，努力使思想境界与创新发展的要求相符合，树立创新发展观念，倡导勇于创新、开放包容的创新文化，培育宽容失败、敢冒风险的创新理念。连云港积极做好创新型城市建设的宣传教育和舆论引导工作，使全社会都来关注和支持创新型城市建设，激励社会各界共同投身于创新型城市建设事业。

（2）强调健全创新政策体系

围绕创新型城市建设，连云港出台了《关于印发连云港市国家创新型城市建设总体规划（2011—2015）的通知》《市政府关于印发创新型试点城市建设推进计划（2014—2015）的通知》等一系列政策文件。连云港注重政策制度的有效落实，高新技术企业税率优惠和企业研发费用税前加计扣除等科技减免税政策较好落实，2014 年共为企业减免所得税总额 7.73 亿元，较 2013 年增长 15.4%；“科技创新券”政策试点全面启动，向 203 家企业发放创新券总额 2 000 万元；组织实施省级以上各类科技计划项目 230 多项，获经费超 1 亿元；强调科技金融加速融合，推进省科技金融合作创新示范区建设，深入开展“苏科贷”试点，272 家企业列入“苏科贷”备选企业库；采取“资金池+担保机构+银行”运作模式，授信 33 家企业科技贷款 12 227 万元。

（3）强调协同创新，科技创新资源要素不断汇聚

连云港加强创新源头对接，扎实推进产学研协同创新，重点与中科院以及北京、上海、南京、西安等地高校院所开展合作，举办专项产学研活动近百场，引进建设东华大学连云港纤维新材料研究院等产学研联合创新载体 20 多个，发展“校企联盟”超千家，与 32 家重点高校院所建立战略合作关系，建设产学研结合示范基地 13 个。

（4）强调开发高素质创新人才

连云港加强创新人才的开发和培养，完善多元化人才培养体系；按照经济和社会长远发展以及创新型城市建设的需要，引进与培育创新型人才；国家科技领军人才创新驱动中心（连云港）正式启动运行；累计集聚国家“千人计划”18 人、省双创团队 4 个、省“双创计划”89 人。

（5）强调健全创新工作机制

连云港加强组织领导，各县（市）区及市责任部门相应成立组织领导机构，具体负责本区域、本部门创新型城市建设工作；加强创新型城市工作的协调管理，各级各部门结合各自发展环境和优势，选准创新工作切入点，创造性地开展工作。

建设创新型城市并非一蹴而就，需要全市调动各方资源，创新思维，坚持不懈地将其作为推动连云港经济社会发展迈上新台阶的关键路径去持续推进。

4　国家创新型试点城市建设的评价体系

4.1　建立评价体系的目的和意义

建立连云港国家创新型试点城市建设的评价体系是强化督查考核和落实责任要求的强力抓手，是加快建设国家创新型试点城市的有效方法，其主要目的是通过构建评估指标，可以设立参照系统，对照比较全市、各县区、企业的科技创新发展现状，进而全面掌握全市创新型城市建设情况，科学分析全市、各县区、企业的创新优势和不足，并引导各县区、企业积极总结成功经验，修正各种政策和措施，以确保创新驱动发展战略的正确方向和加快转变经济发展方式进程。

面对国家创新型试点城市建设的战略任务，科学、合理的评价体系有助于客观评价连云港创新型城市建设的水平和阶段，通过对创新型城市建设成果客观的标准化定量分析，体现出创新型城市的建设应建立在务实、高效、统筹规划的创新驱动发展战略和积极创新工程基础上。连云港国家创新型试点城市建设的评价体系，对政府、企业而言，都具有十分重大的意义。一方面，它帮助掌握连云港各级创新发展的准确现状，作为调研和决策的重要参考，通过总结经验和发现问题，进一步正确引导全市创新型城市建设的健康发展，并作为政府项目投资和工作效果评价的客观依据；另一方面，帮助企业了解自身创新能力的基本情况，查找建设的薄弱环节，寻求解决方案，提高企业的自主创新能力，为企业自身管理的改进和优化工作提供指导依据。

4.2 建立评价体系的主要原则

科学合理的指标体系是系统评价准确可靠的基础和保证，也是正确引导系统发展方向的重要手段。因此，指标体系的建立必须遵循以下原则：

4.2.1 科学性与实用性并重的原则

科学性是评价工作得以进行的基础和前提。指标体系的建立应该科学地、准确地反映其“科技含量高，经济效益好，资源消耗低，环境污染少，人力资源优势得到充分发挥”的特征和要求，以创新理论和统计学理论为依据，借鉴已公布的国家、江苏省创新型城市、创新型乡镇、创新型园区等指标和国际上比较通用的创新能力测度的理论和方法，提出连云港国家创新型试点城市建设现状的评价体系。同时，创新型城市建设的测度与评价也是一项实践性很强的工作，因此在指标的选取上，应本着少而精的原则进行筛选，选出其中最有代表性、实用性和可操作性的指标，以便能快速、方便、准确地评价全市创新型城市建设现状。

4.2.2 系统性与重点突出结合的原则

指标体系的设计要能够全面反映全市创新型城市建设的综合情况，既要体现主体作用、环境支撑和有效投入等，还要兼顾最终输出绩效，以保证评价指标的全面性和可信度。另外，创新型城市建设评价设计因素非常复杂，可供选择的指标可以有很多，因此，必须从宏观入手，尽量抓住能反映出创新型城市建设本质特征的主导因素来设计指标，而对于比较微观层次的枝节因素则尽量予以删减，使指标重点突出，具有较强的综合性、包容性，以保证所建立的指标简明实用。

4.2.3 互斥性与有机联系结合的原则

指标体系并不是多个指标的简单堆砌，而是由一组相互间具有密切联系的独立指标所构成的。指标间相互独立，不能出现过多的覆盖、包含、指标内涵重叠，这是由指标的互斥性决定的。但指标间要做到完全独立是很难的，在现实的评估应用过程当中，为了加强对某一个方面的重点检查和评价，需要从不同角度分别设置一些指标，以便相互弥补及验证。所以，由指标合成的最终评价值应该最大限度地反映客观实际，而不是过多包含重复信息，在指标权重方案的设计中必须对此加以考虑。

4.2.4 定性指标与定量指标结合的原则

创新型城市建设工作涉及面广，环节较多，仅仅通过部分可量化工作的环节来评价创新型城市建设工作，既不完整，也不科学，必须将难以量化的工作环节通过定性指标加以衡量，并将定性指标与定量指标相结合，构建出完整的创新型城市建设评价体系。当然，在实施评价的过程中，需要做好定性指标的定量化工作。

4.2.5 特征性与借鉴性结合的原则

指标体系的设计要符合连云港和苏北欠发达地区创新发展的基本特征，要充分结合连云港各县区、行业、企业的特点。同时，又要充分借鉴发达地区创新型城市建设评价体系的构建经验，并能够与其他地区创新型城市建设水平具有可比性。

4.3 评价体系的构建方法

4.3.1 指标的选取方法

(1) 归纳演绎法

在借鉴科技部、江苏省科技厅和国内外发达省市创新型城市建设指标体系的建立经验和查阅大量有关国内外文献资料的基础上识别出创新型城市建设测评的关键问题，并通过调研进一步深入了解地方和企业实际，贯彻连云港出台的推进科技创新工程、加快国家创新型城市建设的实施意见、总体规划、若干政策和重点任务分解落实方案的相关思想和精髓，初步建立起一个全面的创新型城市建设的评价指标体系。

(2) 综合分析法

在上述基础上，通过聚类和分解分析指标体系，结合创新型城市的含义和特点进一步筛选指标，用主成分分析法对指标进行科学的分类，并合并同类指标、去除重复和不重要的指标。

(3) 专家咨询法

成立专家组，成员包括理论界、科技局、高新技术示范企业和连云港技术创新专家委员会的相关人士。通过专家组的协商研讨进一步调整指标，使指标体系更加科学、合理。

4.3.2 权值的设定方法

目前，用于权值评价的方法主要有层次分析法、专家打分法、模糊综合评价法、数据包络分析法、灰色关联分析法等。本评估在充分考虑指标体系的特征以及实际情况后，采用了层次分析法和专家打分法。

(1) 层次分析法

它是利用创新型城市建设评价指标体系的各个层级中下一级对上一级的重要程度依次排序，确定不同级别元素间的相互关系。而各元素重要程度的排序则是通过不同专家对不同元素的两两比较，再运用数学方法，确定每一个元素对上一级的相对重要性进行的，从而确定各个指标的权值。

（2）专家打分法

成立专家组，并通过匿名方式征询有关专家的意见，对专家意见进行统计、处理、分析和归纳，客观地综合多数专家经验与主观判断的技巧，对大量非技术的无法定量分析的因素做出合理估算，经多次反复估算后对各个指标的权值进行进一步的设定。

4.4 评价体系的主要内容

连云港国家创新型试点城市建设是一项系统化工程，其能否建成取决于全市、各县区和企业共同努力的结果。因此，其评价体系应是从宏观到微观，由点及线再到面的系统综合评价，具体包括全市、县区、行业和企业的创新发展能力评价。

4.4.1 区域层面（市级）创新型城市建设评价体系

（1）基本框架

全市层面创新型城市建设评价指标体系的基本框架由 3 个一级指标、8 个二级指标和 29 个三级指标构成，且按照层次分析法和专家打分法赋予权值（见表 4–1）。

（2）评估方法

全市层面的评估采用综合指数法，即以 2012 年为基期，结合权值计算全市 2013—2014 年创新型城市建设的综合指数。

4.4.2 区域层面（县区）创新型城市建设评价体系

（1）基本框架

县区层面自主创新评估指标体系是在全市层面评价体系的基础上进一步细化和扩展，得到 43 个指标（见表 4–2）。

表 4-1 **连云港创新型城市建设评价指标体系（全市层面）**

一级指标及权值	二级指标及权值	序号	三级指标及权值
创新主体（30%）	企业（63%）	1	认定的高新技术企业数量（家）（21%）
		2	民营科技企业数量（家）（11%）
		3	高新技术企业占企业总数的比例（%）（21%）
		4	企业研发支出占主营业务收入比重（%）（21%）
		5	省级以上工程技术研究中心等企业研发机构数量（家）（10%）
		6	规模以上企业中拥有研发机构的企业所占比重（%）（16%）
	产学研（10%）	1	产学研结合示范基地数量（个）（100%）
	平台建设（27%）	1	省级以上科技平台数量（个）（37.5%）
		2	独立法人的科技研究和服务机构（如专利服务机构等）数量（个）（25%）
		3	国家、省级认定科技企业孵化器和加速器数量、孵化面积及在孵企业数量（家、万平方米、家）（37.5%）
创新环境（30%）	基础设施（17%）	1	省级以上科技园区数量（个）（60%）
		2	创新型试点乡镇、示范乡镇和“三新”科技社区数量（个）（40%）
	人才资源（43%）	1	每万就业人员中R&D人员数（人/万人）（23%）
		2	引进高层次创新创业人才（人）（15%）
		3	人才资源总量（万人）（15%）
		4	高层次人才占人才总量（%）（15%）
		5	高技能人才占技能劳动者比重（%）（9%）
		6	人力资本投资占GDP比重（%）（23%）
	创新投入（40%）	1	全社会R&D经费支出占GDP比重（%）（50%）
		2	地方财政科技拨款占地方财政支出的比重（%）（50%）
创新绩效（40%）	创新产出（37.5%）	1	百亿元GDP专利授权数（件/百亿元）（33%）
		2	百亿元GDP发明专利授权数（件/百亿元）（33%）
		3	万人发明专利拥有量（件/万人）（20%）
		4	国际PCT专利申请量（件）（14%）
	结构优化（62.5%）	1	高新技术产业产值占规模以上工业产值比重（%）（20%）
		2	新产品产值占规模以上工业产值的比重（%）（20%）
		3	科技进步贡献率（%）（20%）
		4	农业科技进步贡献率（%）（20%）
		5	人才贡献率（%）（20%）

表 4-2　**连云港创新型城市建设评价指标体系（县区层面）**

指标范畴	序号	指标
创新主体	1	国家级高新技术企业数量（家）
	2	高新技术企业占规模以上企业总数的比例（%）
	3	民营科技企业数量（家）
	4	省级以上创新型（试点）企业数量（家）
	5	省级以上工程技术研究中心等企业研发机构数量（家）
	6	规模以上企业中拥有研发机构的企业所占比重（%）
	7	校企联盟数量（个）
	8	产学研结合示范基地数量（个）
	9	产学研合作平台数量（家）
	10	市级以上重大公共研发平台与公共技术服务平台数量（个）
	11	三站（企业院士工作站、博士后工作站和研究生工作站）数量（个）
	12	市级以上工程技术中心、工程研究中心和企业技术中心（个）
	13	省级以上重点实验室（个）
	14	市级以上认定的产业技术创新联盟（个）
创新环境	15	省级以上高新区数量（个）
	16	省级大学科技园（孵化器、加速器）数量（个）
	17	创新型试点乡镇、示范乡镇和“三新”科技社区数量（个）
	18	人才资源总量（万人）
	19	R&D投入占GDP比重（%）
	20	财政科技支出占一般预算支出的比例（%）
创新绩效	21	市级以上立项支持的高新技术成果转化项目数量（个）
	22	万人发明专利拥有量（件/万人）
	23	国际PCT专利申请量（件）
	24	拥有百件专利企业数量（家）
	25	江苏省名牌产品数量（个）
	26	中国名牌产品数量（个）
	27	江苏省知（著）名商标数量（个）
	28	中国驰名商标数量（个）
	29	国家级重点新产品数量（个）
	30	省级以上审定的农业新品种数量（个）
	31	年度市级以上科技成果获奖数量（个）
	32	高新技术产业产值占工业（规模以上）产值的比重（%）
	33	高效设施农业面积比重（%）
	34	人均GDP（万元）

(2) 评估方法

县区层面的评估是先采用无量纲化处理，用标准化方法消除数据量纲的影响。

标准化公式为：

$$y_{ij} = 60 + \frac{x_{ij} - x_{最差值}}{x_{最优值} - x_{最差值}} \times 40$$

其中：x_{ij} 表示 i 地区的第 j 项统计指标值；$x_{最优值}$ 和 $x_{最差值}$ 分别表示各地区第 j 项统计指标中的最优值和最差值；y_{ij} 表示无量纲后 i 地区的第 j 项统计指标值。

再采用线性加权法对评估对象进行综合评估，反映 i 地区评估对象的评估公式为：

$$U_i = \sum_j y_{ij} \times W_j$$

其中：W_j 表示第 j 项统计指标的权数，W_j 满足 $\sum_j W_j = 100, 0 < W_j < 1$；$U_i$ 表示 i 地区的综合评估指数。

4.4.3 企业自主创新能力评价体系

(1) 基本框架

企业是创新型城市建设的创新主体，其自主创新能力的提高是加快创新型城市建设的关键路径。从创新投入能力、创新研发能力、创新产出能力、创新管理能力、创新市场能力、企业家创新精神等六大能力，将评价指标体系分为目标层、项目层、因子层（即一、二、三级）三个层次。每一层的指标是上一层指标的扩展，而上一层指标都是下一层指标测评结果的反映，最终形成了 6 个一级指标、19 个二级指标和 39 个三级指标（见表 4-3）。

(2) 评估方法

评估方法采用无量纲和综合指数法，即对评估企业的指标数据进行无量纲化处理，然后对其指数化计算，最后利用聚类分析的方法进行评判。另外，鉴于企业自主创新的复杂性、多样性、动态性和微观性，仅仅用一个指数是无法反映企业提高自主创新能力的发展全貌的，因此本

表 4-3　　企业创新能力评价指标体系

一级指标	权值	二级指标	权值	三级指标	权值
创新投入能力	0.1780	资金投入	0.4266	R&D 经费总额	0.4538
				人均 R&D 资金投入	0.3234
				R&D 经费投入占营业收入的比重	0.2228
		人员投入	0.3523	企业 R&D 人员数	0.5529
				企业 R&D 人员占员工的比重	0.4471
		资源投入	0.2211	创新专用设备投入	0.6037
				万元产值耗电量	0.3963
创新研发能力	0.1688	技术效率	0.3768	引进技术专利数/购买专利数	0.2657
				技术引进/技术改造经费总额	0.2489
				技术引进/技术改造投入强度	0.2388
				新产品开发周期	0.2466
		创新平台	0.3480	与其他企业技术合作成果数量	0.4976
				产学研合作高校、科研院所数量	0.5024
		标准化水平	0.2752	是否通过质量管理等相关认证；制药企业是否通过国家 GMP 认证	1
创新产出能力	0.1652	创新效率	0.6035	全员劳动生产率（万元/人）	0.4006
				每千人发明专利拥有数	0.3758
				新产品销售收入占主营业务收入比重	0.2236
		创新效果	0.3965	每年专利申请数	0.1689
				拥有专利数量	0.1593
				新产品销售收入	0.1775
				企业新申请发明专利数	0.1696
				科技成果获奖数	0.1649
				拥有省部级以上名牌产品或知名商标数	0.1598

续表

一级指标	权值	二级指标	权值	三级指标	权值
创新管理能力	0.1720	资本运作与融资能力	0.1778	是否上市或者是否有上市计划	0.6479
				融资收入	0.3521
		制度能力	0.1744	知识产权管理制度健全程度	0.5756
				经营和管理制度创新程度	0.4244
		学习能力	0.1660	人均培训费用	1
		激励能力	0.1584	激励制度完善程度	0.4783
				科技人员/研发人员薪酬	0.5217
		战略管理能力	0.1672	创新战略完善程度	1
		文化建设能力	0.1562	创新文化建设程度	1
创新市场能力	0.1586	销售能力	0.5783	市场管理、策划与研究人数	0.5572
				营销费用投入强度	0.4428
		竞争能力	0.4217	新产品市场增长率	0.6036
				新产品市场占有率	0.3964
企业家创新精神	0.1574	创新意识	0.4285	喜欢尝试新方法	1
		创新兴趣	0.3671	擅长理论联系实际	1
		思维活动	0.2044	用不同角度看问题	1

研究对企业层面的现状评估还采用了系统化问卷调研形式，对各个项目数据结果进行统计分析，以期反映全市企业自主创新能力的实际水平。

5 连云港国家创新型试点城市建设的区域评估

本部分旨在对连云港国家创新型试点城市建设的区域进展情况进行定量与定性评价，目的在于通过综合指数水平和创新发展实践全方位地正确估计全市创新水平，找出优势和不足，加强各级联动和部门间的协调配合，促进创新型城市建设各项工作的落实。以下具体按照总体、各区县进行评价以及横向对比分析。

5.1 全市层面的现状评估

5.1.1 定量评估

（1）综合指数

对连云港创新型城市建设 2015 年度进行综合分析评价时，选择以 2013 年为基期进行考察，来计算 2014 年和 2015 年连云港创新型城市建设综合指数。从图 5-1 可以看出，以 2013 年为基期，2014 年创新型城市建设综合指数为116.54%，比2013年上升了16.54%；2015年创新型城市建设综合指数为131.88%，比2013年增长了31.88%，相比于2014年也上升了15.34%。2015年创新型城市建设综合指数之所以这么高，经过细致分析发现，2015年连云港认定的高新技术企业数量、独立法人的科技研究和服务机构数量（如专利服务机构）、PCT国际专利申请量都有较大幅度的增加，这三项指标对指数上升做出了一定贡献。

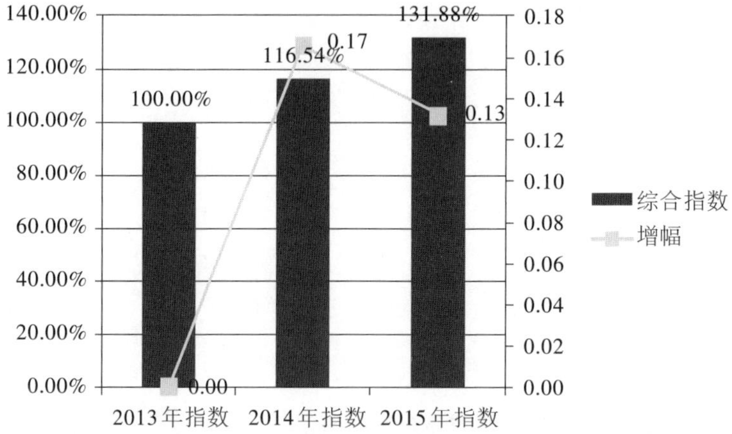

图5-1 创新型城市建设综合指数对比图（2013—2015年）

上述分析表明，全市创新型城市建设加快发展，创新要素加快集聚，高新产业发展迅速，科技成果加快转化，创新主体实力提升，完成目标指日可待。特别是在“十二五”发展初期，连云港进入跨越式发展阶段，创新驱动绩效比较显著；而反观2015年增速有所减慢，主要原因是全国经济发展进入新常态，连云港也步入经济发展下行通道。实体经济，特别是制造业发展趋于迟缓。此外，连云港也逐步加快转型升级，产业布局调整，以及创新绩效的滞后性，导致发展速度有所回落，但总体上全市经济发展和创新驱动处于稳增长状态，创新型城市建设在持续稳步推进中。

（2）分项指数

①2015年具体指数分析

表5-1表明，2015年创新主体指数为159.37%，与2013年相比，

提高了 59.37%。从 2015 年的创新主体指数可以看到各个指标的贡献，三项二级指标的贡献均为正，按贡献大小排序，依次为产学研、平台建设、企业。其中产学研贡献最大，2015 年比 2013 年增加了 1 个产学研协同创新基地；平台建设贡献也不小，比 2013 年提高了 57.34%；企业提高了 53.8%。进一步分析发现，平台建设之所以贡献较大，是因为独立法人的科技研究和服务机构（如专利服务机构）数量有大幅度增加，孵化面积也有了近双倍的扩大，在孵企业数量增加了近 100 家。企业创新情况良好，认定的高新技术企业数量增长幅度较大，而民营科技企业数量变化不大，从而提升了高新技术企业占企业总数的比重。

表 5-2 表明，2015 年创新环境指数为 122.52%，与 2013 年相比，提高了 22.52%。从 2015 年的创新环境指数可以看到各个指标的贡献：基础设施贡献最大，2015 年比 2013 年增加了 2 个省级以上科技园区，6 个创新型试点乡镇、示范乡镇；人才资源与创新投入贡献差不多，都约为 2013 年的 1.1 倍。进一步分析发现，基础设施之所以贡献较大，是因为创新型试点乡镇、示范乡镇增加数量较大，约为 2013 年的 2 倍。人才资源情况与创新投入情况良好，由于各项基数大，两者增长幅度不是特别明显，但在人才资源中，虽然人才资源总量增长了近 10 万人，但高层次人才与高技能人才仍然紧缺，增幅不是特别明显。

表 5-3 表明，2015 年创新绩效指数为 111.91%，与 2013 年相比，提高了 11.91%。从 2015 年的创新绩效指数可以看到各个指标的贡献：创新产出贡献最大；结构优化有适当调整，优化效果尚可。进一步分析发现，创新产出之所以贡献较大，是因为万人发明专利拥有量、PCT 国际专利申请量大幅度增加，PCT 国际专利申请量甚至是 2013 年的 2.1 倍。结构优化情况一般，高新技术产业产值占规模以上工业产值比重与新产品产值占规模以上工业产值的比重增幅都差不多为 2013 年的 1.1 倍，说明在结构优化方面还是做了一定努力的。科技进步贡献率、农业科技进步贡献率、人才贡献率几乎没有增长，需要在结构优化时适当考虑。

表 5-1 **创新主体指数（以 2013 年为基期）**

一级指标	二级指标	三级指标	2013年	2015年	2015年指数（%）
创新主体	企业	认定的高新技术企业数量（家）	102	178	174.51
		民营科技企业数量（家）	3 150	3 345	106.19
		高新技术企业占企业总数的比重（%）	6.5	10.9	167.69
		企业研发支出占主营业务收入的比重（%）	0.35	0.66	188.57
		省级以上工程技术研究中心等企业研发机构数量（家）	86	115	133.72
		大中型工业企业及规模以上高新技术企业中拥有研发机构的企业所占比重（%）	76	82.08	108.00
		指　　数			153.80
	产学研	产学研协同创新基地数量（个）（产学研结合示范基地）	1	2	200.00
		指　　数			200.00
	平台建设	省级以上科技平台数量（个）	12	12	100.00
		独立法人的科技研究和服务机构（如专利服务机构等）数量（个）	1 278	2 724	213.15
		国家、省级认定科技企业孵化器和加速器数量	13	13	100.00
		孵化面积（万平方米）	64.8	115	177.471
		在孵企业数量（家）	428	521	21.73
		指　　数			157.34
	创新主体指数				159.37

表 5-2 **创新环境指数（以 2013 年为基期）**

一级指标	二级指标	三级指标	2013年	2015年	2015年指数（%）
创新环境	基础设施	省级以上科技园区数量（个）	6	8	133.33
		创新型试点乡镇、示范乡镇（个）	8	14	175.00
		指　　数			150.00
	人才资源	每万就业人员中R&D人员数（人/万人）	54.88	66	120.26
		引进高层次创新创业人才（人）	1 041	1 405	134.97
		人才资源总量（万人）	59.5	70.69	118.81
		高层次人才占人才总量（%）	4.77	5	104.82
		高技能人才占技能劳动者比重（%）	26.3	28.5	108.37
		人力资本投资占GDP比重（%）（估算值）	13.05	15	114.94
		指　　数			117.64
	创新投入	全社会R&D经费支出占GDP的比重（%）	1.53	1.71	111.76
		地方财政科技拨款占地方财政支出的比重（%）	2.45	2.95	120.41
		指　　数			116.09
	创新环境指数				122.52

②指数对比分析

以 2013 年作为对比的基准，2014 年创新主体指数为 128.48%，比 2013 年上升了 28.48%。2015 年创新主体指数为 159.37%，比 2014 年上升了 30.89%，比 2013 年上升了 59.37%。2014 年和 2015 年创新主体指数均呈现增长趋势，而 2015 年增长幅度更大（如图 5-2 所示）。从 2013—2015 年的统计数据中可以看出，近些年连云港认定的高新技术企业、民营科技企业、省级以上工程技术研究中心等企业研发机构数量都不断增加；2015 年产学研基地数量增加了 1 个；平台建设也在不断完善，如在孵企业数量、孵化面积在不断扩大。这些都说明连云港近年来对创新的重视程度逐渐提高，在创新方面取得了一定的成绩。

表 5-3　　**创新绩效指数（以 2013 年为基期）**

一级指标	二级指标	三级指标	2013年	2015年	2015年指数（%）
创新绩效	创新产出	百亿元GDP专利授权数（件/百亿元）	247.059	238.08	96.37
		百亿元GDP发明专利授权数（件/百亿元）	16.2465	20.18	124.21
		万人发明专利拥有量（件/万人）	2.25	3.65	162.22
		PCT国际专利申请量（件）	26	55	211.54
		指　　数			134.85
	结构优化	高新技术产业产值占规模以上工业产值的比重（%）	28	31.7	113.21
		新产品产值占规模以上工业产值的比重（%）	8.85	10.1	114.12
		科技进步贡献率（%）	49	52.1	106.33
		农业科技进步贡献率（%）	60.5	62.8	103.80
		人才贡献率（%）	33.4	34.8	104.19
		指　　数			108.33
	创新绩效指数				111.91

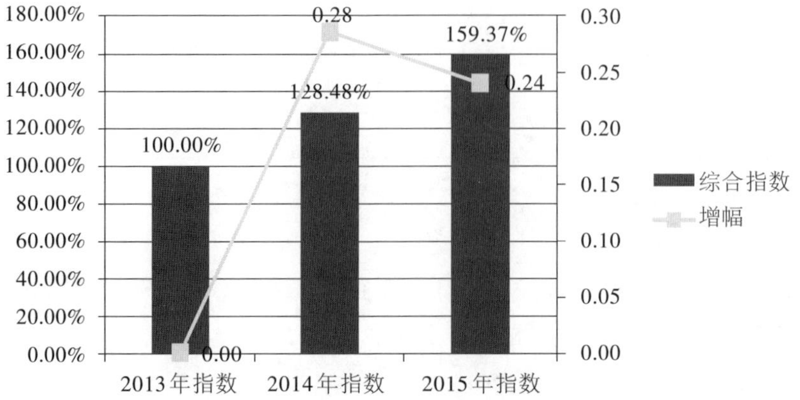

图 5-2　创新主体指数

以 2013 年作为对比的基准，2014 年创新环境指数为 116.47%，比 2013 年上升了 16.47%。2015 年创新环境指数为 122.52%，比 2014 年上升了 6.05%，比 2013 年上升了 22.52%。2014 年和 2015 年创新环境指数均呈现增长趋势，而 2014 年增长幅度更大（如图 5-3 所示）。从

2013—2015 年的统计数据中可以看出，连云港近年来在基础设施、人力资源、创新投入三项指标方面不断完善。创新型试点乡镇从 2013 年的 8 个增加到 2015 年的 14 个；引进高层次创新创业人才的数量也有较大幅度的增加；在创新投入方面，连云港的 R&D 经费所占比重等不断提升，地方财政科技拨款占地方财政支出的比重也有明显增加。这些都说明连云港在创新环境这一指标上有所突破，对创新的重视程度不断提高。

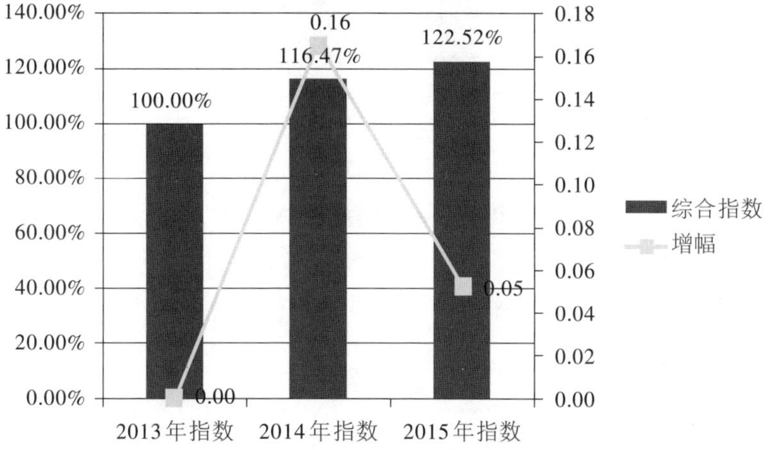

图 5-3　创新环境指数

以 2013 年作为对比的基准，2014 年创新绩效指数为 107.03%，比 2013 年上升了 7.03%。2015 年创新绩效为 118.28%，比 2014 年上升了 11.25%，比 2013 年上升了 18.28%，2014 年和 2015 年创新绩效指数均呈现增长趋势，而 2015 年增长幅度更大（如图 5-4 所示）。从 2013—2015 年的统计数据中可以看出，万人发明专利拥有量、PCT 国际专利申请量等有所增加；高新技术产业产值占规模以上工业产值比重、新产品产值占规模以上工业产值的比重等有所提升，表明结构优化和创新产出情况良好。这些都说明连云港这几年创新型城市建设带来的巨大经济发展和产品竞争力的提升。

5.1.2　定性评估

（1）创新型城市建设稳步推进，创新驱动绩效成绩显著

全市紧紧围绕构建具有连云港特色的区域创新体系，以抢抓“一带

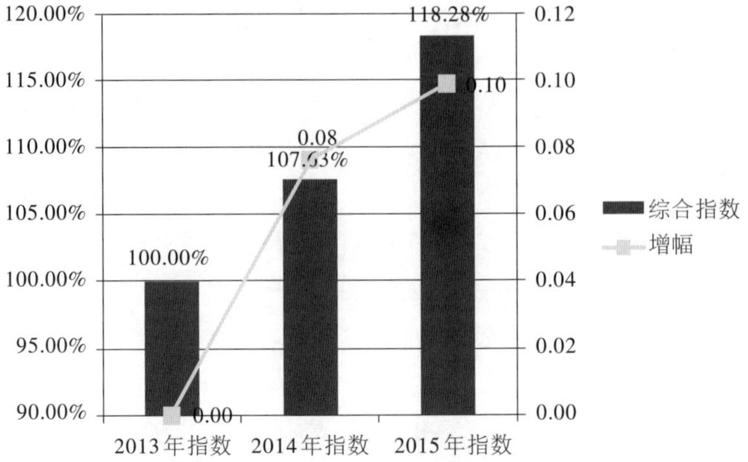

图 5-4 创新绩效指数

一路”重要节点城市建设为契机，以实施创新驱动战略为抓手，以推进科技创新工程为主线，以深化科技体制改革为动力，以培育创新主体和完善服务体系为着力点，大力推进国家创新型试点城市建设，各项指标序时进度总体完成较好。经过多年发展，连云港经济技术开发区朝阳街道办事处，灌云县燕尾港镇、侍庄乡，灌南县堆沟港镇，东海县石湖乡、牛山街道、平明镇、房山镇，赣榆区海头镇、柘汪镇，海州区浦南镇、新坝镇、宁海街道等获批省创新型试点乡镇。全市科技进步贡献率达 51%，全社会 R&D 支出占 GDP 比重达 1.7%，万人有效发明专利拥有量达 2.76 件，高新技术产业实现产值 1 904.28 亿元，占规模以上工业总产值的比重达到 39.5%，同比增长 15%。其中，新医药、新材料、新能源制造业分别同比增长 17.04%、12.70%、24.86%。高新技术企业总数达 140 家，并加快形成了以技术、品牌、质量为核心竞争力的创新优势。

（2）企业运行质态加快提升，自主创新能力持续增强

连云港大力推进企业体制、技术和管理创新，实施企业创新能力提升行动，制定并实施科技企业培育“十百千”工程，建立了首批 518 家科技企业培育库，国家级高新技术企业达到 140 家，省级两化融合示范试点企业 22 家。连云港激励企业加大研究开发力度，突破关键技术，增强核心竞争力，企业研发投入平均增长 20% 以上，大中型企业研发

机构建有率达 95% 以上。连云港充分发挥科技计划项目杠杆作用，加速新产品研发进程与产业化，实施的国家火炬计划、重点新产品计划累计突破百项，实现工业总产值逾千亿元。经过多年发展，创新主体实力提升，有国家技术创新示范企业 3 家（苏北第一）、工信部工业企业知识产权运用能力培育工程试点企业 16 家（苏北第一），中蓝连海成功获批国家工业产品质量控制和技术评价实验室（苏北唯一），江苏恒瑞医药股份有限公司、江苏豪森药业股份有限公司、江苏正大天晴药业股份有限公司、江苏康缘药业股份有限公司入选 2014 年中国医药研发产品线最佳工业企业 20 强（全国地级市首位）。

（3）创新平台载体建设加快，创新服务体系逐步完善

连云港高新区成功升级为国家高新区，应进一步用好现行的国家高新区政策；积极实施双创载体建设工程，各县区和开发区积极培育和建设省级孵化器。全市建有 4 个国家级高新技术产业基地、火炬计划特色产业基地，10 家高性能纤维及复合材料、现代装备、硅材料、海洋等领域省级科技产业园，13 家省级创业园，71 家省级工程研究中心，152 家市级工程中心，大力推进文化科技结合平台建设，发展 2 家省级文化科技产业园；继续推进与市科技创业城融合发展，市科技创业城创建国家级科技企业孵化器进入科技部答辩环节；科技服务体系建设加快，依托连云港“三新”主导产业链，以及市、区政府、科技局在政策和资金上的支持，连云港科技服务迅速发展；建成产业技术公共服务平台 30 多个，基本形成了“以政府投入为引导、以企业投入为主体、社会广泛参与”的多元化中小企业技术服务支撑体系；加速科技金融融合发展，推进省科技金融合作创新示范区建设，深入开展“苏科贷”试点；以国家知识产权试点城市建设为抓手，建立知识产权信息服务、大型仪器共享、科技成果转化等六大公共资源共享平台，组建华东地区最大的知识产权交易市场；科技超市建设省内领先，全市 4 家分店、1 家便利店获评优秀。

（4）创新要素加快集聚，创新成果加速涌现

连云港实施产学研合作深化工程，建设产学研协同创新基地 2 个，校企联盟总数发展到 798 家；启动了中国药科大学连云港研究院及东华

大学连云港纤维新材料研究院建设，全市引进高校共建研究院总数达13个，建成科研设施面积近2万平方米，基本实现县区全覆盖；实施人才强市战略，推进“双创”人才集聚计划、企业博士集聚计划、市“三百引才工程”等，依托重大创新载体、高新技术企业、高校科研院所等，培育引进创新创业团队和国家“千人计划”“万人计划”等高端人才，全市目前已累计集聚国家“千人计划”人才18人，省科技创新团队3个，省“双创计划”人才78人，省“企业博士集聚计划”人才103人；科技成果加快转化，全市专利申请量首次突破1万件，荣获国际发明展4金9银大奖，获国家科技进步二等奖3项，省科技进步一等奖2项、二等奖4项、三等奖5项，省企业创新奖2项等；豪森药业荣获国家科技进步二等奖和第十六届中国专利奖金奖（全国金奖共20件），康缘药业获省科技进步一等奖（全省获奖企业4家），国电联合动力和中蓝连海获省企业创新奖（全省12家）；朝阳、堆沟港、燕尾港等5个乡镇获批为省级创新型乡镇，总数累计达到13个；省级知识产权战略试点示范实现县区全覆盖，海州区获批为国家知识产权强县工程试点区。

（5）政策体系环境日益健全，创新创业环境明显优化

围绕创新型城市建设，连云港出台了一系列政策文件，政策体系进一步完善。连云港成立了全市创新型城市建设推进委员会，建立并完善部门及县（市）区协作互动工作机制，构建组织、评价、规划、责任、政策、创新主体“六大体系”；财政投入增长机制不断健全，自创新型试点城市建设以来，市财政科技投入1.47亿元（仅限科技三项经费），全市全社会研发活动经费支出由2011年的16.9亿元提高到2014年的33.4亿元，占生产总值比重达到1.7%，比2011年提高0.5个百分点；依靠企业、依托平台，全市启动“科技创新券”试点，向203家企业发放创新券总额2 000万元；获批国家和省各类科技项目301项，项目经费20 540万元；实施知识产权培育工程，开展国家知识产权试点市创建；不断完善创新激励政策，先后出台并完善了科技发展、产业创新、人才引进、税收优惠、自主创新产品、知识产权保护等方面的政策措施，加大对企业自主创新的支持力度；营造保护创新热情、鼓励创新实

践、完善创新机制、宽容创新挫折的环境，全社会创新创业活动蓬勃开展，创新氛围日益浓厚；组织举办首届连云港科技创新创业大赛，支持科技人员创新创业。

（6）科技惠民富民不断深入，群众路线活动深入开展

连云港民生科技加快创新，在公共卫生、生态环境、公共安全、文化科技等领域，实现了一批关键技术研发和成果转化运用；“科教兴卫”工程取得新进展，市第一人民医院获省临床专项立项，在该领域实现“零”的突破；科技富民扎实推进，东海县国家可持续发展实验区顺利推进；东海、灌云、灌南三县被省科技厅确定为江苏省富民强县重点县，赣榆县（2014 年 5 月撤县设区）被确定为省现代农业科技园提升建设重点县，“特色果蔬及加工技术集成创新示范”项目列入国家科技富民强县专项行动计划，“蛋制品纳米涂膜保鲜新材料研发及产业化”等 21 个项目列入国家星火计划；加强人才队伍培养，开展知识产权进企业活动，加快科技孵化器专业人才培养，开展农业科技特派员工作；以“为民务实清廉”为主题，以解决“四风”问题为主要内容，深入开展党的群众路线教育实践活动；确定 20 项需完善和建立的制度，进一步规范财务管理、“三公”经费支出，办公经费继续压减；出台《连云港市科技计划项目相关责任主体信用管理办法（试行）》，制定《连云港市级科技计划项目监督检查办法》，组织抽查 36 个科技项目、资金 6 734 万元，进一步规范科技项目管理。

5.2 县区层面的现状评估

5.2.1 定量评估

（1）总体比较

经测度，2014 年开发区的创新综合评分为 87.14，为连云港各县区中最高。2014 年连云港创新综合评分平均分值为 74.82，高于平均水平的有海州区和开发区，评分分别为 81.44 和 87.14。灌南县、赣榆区、灌云县、高新区和东海县虽未达到平均水平，但与之差距不是很大，而

连云区、徐圩新区与平均水平有一定的差距。这说明各县区间的创新水平悬殊，发展不平衡（如图 5-5 所示）。

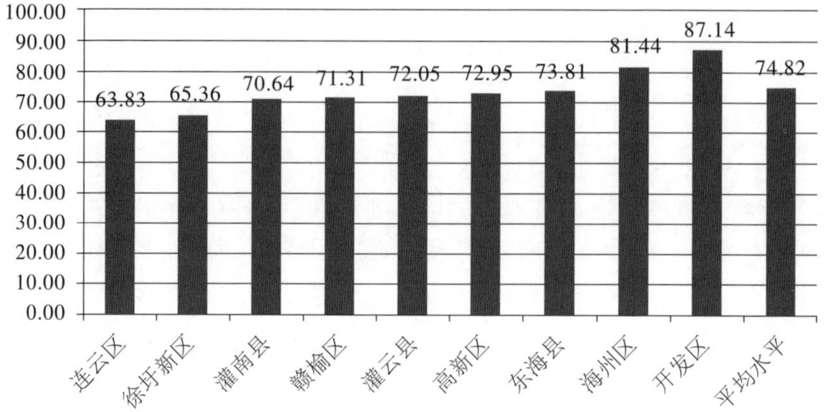

图 5-5　2014 年各县区评分

从图 5-6 可以看出，2015 年开发区的创新综合评分为 89.70，处于遥遥领先的位置。2015 年连云港创新综合评分平均分值为 75.04，高于平均水平的除了海州区和开发区之外，东海县也突飞猛进，超出了平均水平，综合评分达到了 75.05。赣榆区、灌云县和高新区仍保持着上年的发展态势，没有特别大的变动，虽未达到平均水平，但差距不明显，而连云区和徐圩新区仍然处于较落后的位置，与全市平均水平还有一定的差距，说明创新能力还远远不够。总体来看，2015 年各县区的创新水平较 2014 年均有所上升，但上升幅度不大。因此，“十三五”期间应注重区域创新协调发展，着力加强灌云县、灌南县、赣榆区和连云区等四个县区的创新型城市建设工作，特别是赣榆区要尽快融入主城区建设步伐，连云区应加强连云新城的辐射带动作用。

（2）主要指标比较

截至 2015 年年底，开发区、海州区、东海县等 7 个县区在创新型城市建设序时进度上完成较好，但各个指标横向对比完成情况差异性较大，如在规模以上企业中拥有研发机构的企业所占比重、财政科技支出占一般预算支出的比例、万人发明专利拥有量、高新技术产业产值占工业（规模以上）产值的比重等关键指标的完成值上，各县区差距较大，全市区域创新发展缺乏均衡性（见表 5-4）。

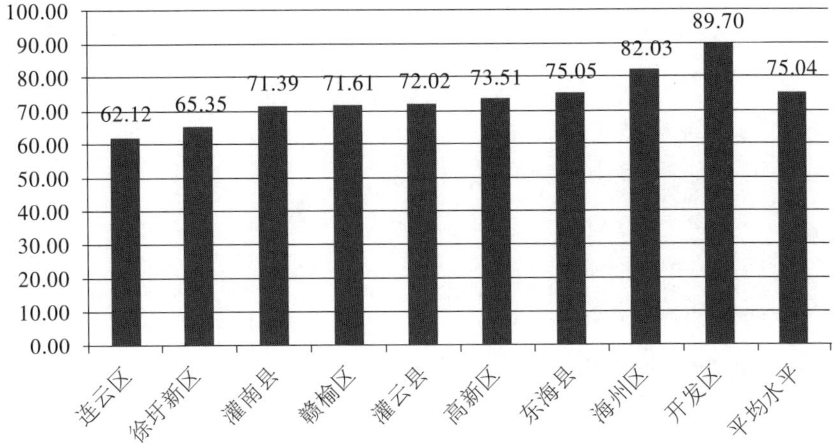

图 5-6 2015 年各县区评分

表 5-4 连云港各县区创新型城市建设主要指标序时完成情况（2015 年）

序号	指 标	开发区	海州区	连云区	赣榆区	东海县	灌云县	灌南县
1	国家高新技术企业数量（家）	35	32	5	21	18	8	21
2	高新技术企业占规模以上企业总数的比重（%）	32	34.8	18.2	5	3.7	3.3	6.21
3	民营科技企业数量（家）	667	122	136	230	93	464	448
4	省级以上创新型（试点）企业数量（家）	18	12	0	3	8	3	0
5	省级以上工程技术研究中心等企业研发机构数量（家）	68	62	14	13	14	4	7
6	规模以上企业中拥有研发机构的企业所占比重（%）	24	100	64	30	29.8	29.3	28.9
7	校企联盟数量（个）	30	273	113	146	131	86	96
8	产学研结合示范基地数量（个）	1	0	0	3	2	0	0
9	产学研合作平台数量（家）	2	3	0	2	11	7	3
10	市级以上重大公共研发平台与公共技术服务平台数量（个）	10	9	1	3	11	2	1

续表

序号	指　标	开发区	海州区	连云区	赣榆区	东海县	灌云县	灌南县
11	三站（企业院士工作站、博士后工作站和研究生工作站）数量（个）	14	27	4	5	12	4	8
12	市级以上工程技术中心、工程研究中心和企业技术中心（个）	97	96	50	58	54	46	56
13	省级以上重点实验室（个）	8	1	0	0	0	0	0
14	市级以上认定的产业技术创新联盟（个）	2	0	0	0	1	1	0
15	省级以上高新区数量（个）	1	0	0	0	0	0	0
16	省级大学科技园（孵化器、加速器）数量（个）	2	4	1	2	1	2	1
17	创新型试点乡镇、示范乡镇和“三新”科技社区数量（个）	1	3	0	2	3	2	1
18	人才资源总量（万人）	4.6	11.1	2.2	15.5	12.91	5.9	5.9
19	R&D投入占GDP比重（%）	3.8	2.8	1.2	1.1	1.1	1.0	1.0
20	财政科技支出占一般预算支出的比重（%）	3.12	1.35	1.31	3.85	3.13	1.7	2.92
21	市级以上立项支持的高新技术成果转化项目数量（个）	26	18	4	9	1	17	22
22	万人发明专利拥有量（件/万人）	58	5.5	4.3	0.7	0.97	3.6	1
23	国际PCT专利申请量（件）	33	17	2	6	3	2	2
24	拥有百件专利企业数量（家）	4	2	0	4	3	2	1
25	江苏省名牌产品数量（个）	35	46	3	11	15	7	5
26	中国名牌产品数量（个）	2	0	1	0	0	1	0
27	江苏省知（著）名商标数量（个）	43	18	7	18	10	10	7

续表

序号	指　标	开发区	海州区	连云区	赣榆区	东海县	灌云县	灌南县
28	中国驰名商标数量（个）	3	4	0	0	0	0	1
29	国家级重点新产品数量（个）	26	13	0	2	6	0	0
30	省级以上审定的农业新品种数量（个）	7	0	0	0	13	1	0
31	年度市级以上科技成果获奖数量（个）	48	25	3	0	4	4	5
32	高新技术产业产值占工业（规模以上）产值的比重（%）	67.72	70.36	32.37	21.51	41.91	38.24	19.46
33	高效设施农业面积比重（%）	—	10.53	—	23.27	19.67	18.89	21.61
34	人均GDP（万元）	6.2	2.5	7.2	4.58	3.75	3.45	4.25

（3）主成分分析法

第一，影响各县区创新性建设水平的主因子确定。

在适度性检验通过后，将预处理后的数据建立相关系数矩阵 R，得到特征值及其特征向量，并运用主成分分析法，根据累计方差贡献率≥85% 且特征值>1 以及碎石图共同来确定提取的公因子数量。

由表 5-5 可以看出，前四个因子的特征值均大于 1，分别为 6.741、3.409、2.456、2.377，累计的方差贡献率达到了 93.639%，表示变量 93.639% 的信息被四个因子说明了；同时，由碎石图（如图 5-7 所示）可知，前四个成分数所对应的特征值曲线呈现陡峭的态势，之后则趋于平缓，因此结合碎石图可以确定能够提取的公因子数目 m=4，即提前四个特征值建立因子载荷矩阵，它们充分涵盖了反映影响创新型城市建设水平的主要因素。

确定公因子数目之后，还要确定是哪些因素，一般通过因子分析模型中的因子载荷矩阵的旋转来确定，对初始因子载荷矩阵进行进一步的处理，因此旋转后的正交载荷矩阵见表 5-6，各指标按照系数的大小顺序排列，比较容易对各公因子做出分类与解释。

表 5-5 **主因子特征根及方差贡献率**

因子	特征根	方差贡献率	累计贡献率
1	6.741	42.129	42.129
2	3.409	21.306	63.435
3	2.456	15.347	78.782
4	2.377	14.857	93.639

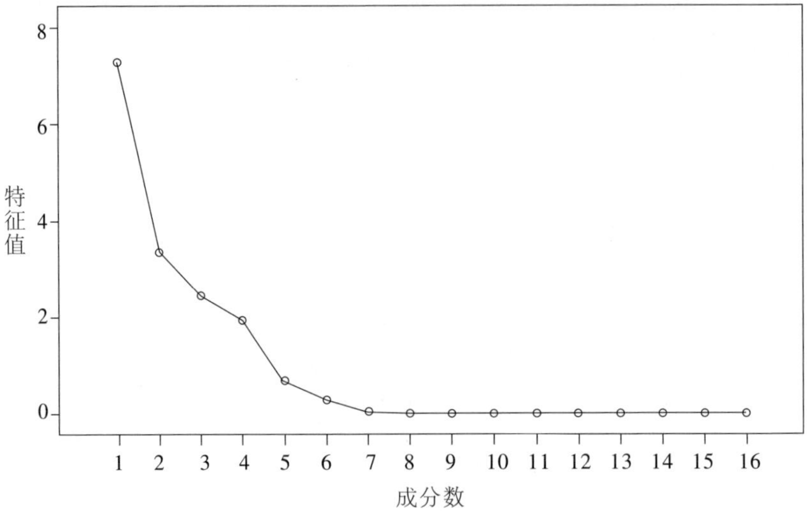

图 5-7 碎石图

为了避免进行综合评价时存在多重共线性，还需要验证各公因子的相关性，见表 5-7 的因子得分系数矩阵，四个因子的相关系数均为 0，没有相关性，可见它们能够很好地代表不同的维度。

第二，影响各县区创新性建设水平的主因子命名与解释。

根据正交因子载荷矩阵中各指标的排列顺序以及在四个公因子上的载荷可以看出，每个公因子在各指标上的载荷呈现出较大的差异性，有利于各指标的归类。同时，联系生态化技术创新的实际情况，对四个因子进行命名，确定影响各县区创新性建设水平差距的主要因素。

①创新基础和平台条件 F1

公因子 F1 的载荷按照大小顺序，主要分布在三站数量，市级及以上工程中心、工程技术研究中心和企业技术中心，省级及以上大学科技

表 5-6　　**旋转成分矩阵**

	成分			
	1	2	3	4
三站（企业院士工作站、博士后工作站和研究生工作站）数量（个）	0.950	0.001	−0.270	0.016
市级以上工程技术中心、工程研究中心和企业技术中心（个）	0.947	0.259	−0.123	0.104
省级大学科技园（孵化器、加速器）数量（个）	0.939	−0.088	0.225	0.215
国家高新技术企业数量（家）	0.938	0.304	−0.098	0.024
年度市级以上科技成果获奖数量（个）	0.931	−0.178	0.034	0.242
R&D投入占GDP比重（%）	0.864	−0.133	0.303	0.327
高新技术产业产值占工业（规模以上）产值的比重（%）	0.825	−0.161	0.384	0.375
市级以上重大公共研发平台与公共技术服务平台数量（个）	0.789	0.369	−0.105	−0.113
国际PCT专利申请量（件）	0.035	0.988	0.075	−0.091
中国名牌产品数量（个）	0.107	0.973	0.035	0.008
万人发明专利拥有量（件/万人）	−0.052	0.935	0.018	0.349
省级以上高新区数量（个）	0.036	−0.096	0.941	0.153
市级以上认定的产业技术创新联盟（个）	−0.162	0.144	0.927	−0.073
高新技术企业占规模以上企业总数的比重（%）	0.326	0.375	0.512	−0.284
规模以上企业中拥有研发机构的企业所占比重（%）	0.265	−0.043	−0.141	0.944
企业研发支出占主营业务收入比重（%）	0.204	0.247	0.144	0.932

园，认定的高新技术企业数量，年度市级及以上科技成果获奖数量，企业研发投入占 GDP 比重，高新技术产业产值占规模以上工业产值比重，市级及以上重大公共研发平台与公共技术服务平台数量这八个指标上。这八个指标都充分反映了各县区进行创新性建设的基础和平台数量，因此将这八个指标归为第一个公因子，命名为“创新基础和平台条件因子”，反映各县区进行创新性建设的基础及平台数量。

②创新技术（专利、品牌）条件 F2

公因子 F2 的载荷按照大小顺序，主要分布在国际 PCT 专利申请量、中国名牌产品数量、万人发明专利拥有量这三个指标上。这三个指标都反映了各县区创新性建设的技术条件，因此将这三个指标归为第二个公因子，命名为“创新技术因子”，反映各县区创新性建设的技术情况。

③创新环境因子 F3

公因子 F3 的主要载荷在省级高新区数量、市级及以上认定的产业技术创新联盟这两个指标上。这两个指标很好地反映各县区的创新技术环境，因此将这两个指标归为第三个公因子，命名为“创新环境因子”，反映各县区进行创新性建设的环境情况。

④创新投入（企业）因子 F4

公因子 F4 的主要载荷在大中型工业企业及规模以上高新技术企业中拥有研发机构的企业所占比重、企业研发支出占主营业务收入比重这两个指标上。这两个指标很好地反映出各县区创新的企业投入情况，因此将这两个指标归为第四个公因子，命名为“创新投入因子”，反映各县区对创新性建设的技术投入情况。

综上所述，影响各县区创新性发展的主要因素是创新基础及平台、创新技术、创新环境和创新投入这四个主因素。可以看出，主因子命名与之前创新型县区建设水平指标体系的吻合度较高，这既验证了构建的评价指标体系的合理性，也说明了因子分析的结果具有可信度。

（4）综合分析与比较

①创新基础及平台数量的比较分析

通过运行 SPSS 软件得出因子得分系数矩阵，由系数矩阵可以将四个公因子表示为16个变量的线性组合，即根据公式：

$$F1 = 0.950X_1 + 0.947X_2 + 0.939X_3 + 0.938X_4 + 0.931X_5 + 0.864X_6 + 0.825X_7 + 0.789X_8 + 0.035X_9 + 0.107X_{10} - 0.052X_{11} + 0.036X_{12} - 0.162X_{13} + 0.326X_{14} + 0.265X_{15} + 0.204X_{16}$$

计算各县区主因子F1的得分，根据得分得出：

在各县区的创新基础及平台数量的比较中，开发区的创新基础及平台条件最好，为579.36，灌云县的创新基础及平台条件最差，仅为486.85，高新区的创新基础及平台条件虽然排第二，为528.33，但是与排第一的开发区相差了51.03，相对于平均水平511.64来说，高新区的创新基础及平台数量高于其他县区。

②创新技术（专利、品牌）条件的比较分析

根据SPSS软件得出的因子得分系数矩阵，再依据公式：

$$F2 = 0.001X_1 + 0.259X_2 - 0.088X_3 + 0.304X_4 - 0.178X_5 - 0.133X_6 - 0.161X_7 + 0.369X_8 + 0.988X_9 + 0.973X_{10} - 0.935X_{11} - 0.096X_{12} + 0.144X_{13} + 0.375X_{14} - 0.043X_{15} + 0.247X_{16}$$

计算各县区主因子F2的得分，根据得分得出：

在各县区的创新技术（专利、品牌）条件的比较中，开发区的创新技术条件最好，为285.67，海州区以253.31处于第二位，灌南县的创新技术条件最差，仅为234.60，9个县区的平均水平为249.52。

③创新环境的比较分析

根据SPSS软件得出的因子得分系数矩阵，再依据公式：

$$F3 = 0.177X_1 - 0.142X_2 + 0.930X_3 + 0.085X_4 + 0.154X_5 + 0.001X_6 + 0.052X_7 - 0.022X_8 + 0.463X_9 + 0.007X_{10} - 0.201X_{11} + 0.231X_{12} + 0.465X_{13} + 0.532X_{14} + 0.221X_{15} + 0.453X_{16}$$

计算各县区主因子F3的得分，根据得分得出：

在各县区的创新环境的比较中，高新区的创新环境水平最高，为200.24，海州区以194.43居于第二位，创新环境的平均水平为184.27，赣榆区、东海县、徐圩新区的创新环境较差，处于中下等水平。总体来看，大部分县区的创新环境还是很好的。

④创新投入的比较分析

根据SPSS软件得出的因子得分系数矩阵，再依据公式：

$$F4 = 0.145X_1 + 0.846X_2 + 0.792X_3 + 0.487X_4 + 0.218X_5 + 0.659X_6 + 0.401X_7 + 0.103X_8 + 0.953X_9 + 0.852X_{10} - 0.940X_{11} + 0.427X_{12} + 0.484X_{13} - 0.259X_{14} + 0.457X_{15} + 0.864X_{16}$$

计算各县区主因子 F4 的得分，根据得分得出：

在各县区创新投入的比较中，高新区以 231.88 居于第一位，徐圩新区以微弱差距居于第二位，而最后一位的灌云县的创新投入水平与平均创新投入水平 200.88 相比也并不低，为 180.42。

（5）总体评价

①创新要素更加集聚

每万名劳动力从事 R&D 人员数、每万名劳动力受过高等教育的人员数、人才贡献率等指标已超额完成。“全社会 R&D 投入占全市 GDP 的比重”“市区财政科技支出占财政一般预算支出的比重”两项指标仍与目标值有些差距。“十二五”期间，连云港全社会 R&D 投入占全市 GDP 的比重从 1.17% 提高到 1.71%，增长了 46.2%，2016 年达到了 1.82%，增幅居全省第一；市区财政科技支出占财政一般预算支出的比重达到 3.19%，同比提高 0.82 个百分点。市政府还设立了国家创新型城市建设科技专项资金，用于推进国家创新型城市建设，同时加大了科技政策兑现力度，累计落实科技税收减免额 35 亿元，居全省第七位、苏北第一位。

②创新体系更加健全

大中型企业及规模以上高新技术企业研发机构建有率已达到全省平均水平，省级以上科技平台数达 172 家，全市高新技术企业占规模以上工业企业总数的比重达 10.46%，引进创建国家级创新平台或分支机构 30 个，均已超额完成指标。

③创新能力明显提升

生产性服务业增加值占服务业增加值的比重达 42.5%，专利授权量年均增长 32.2%，省级科技园达 16 家，均已完成指标。特别是 2015 年，市高新区成功升级为国家级高新区。

④创新支撑显著增强方面

2015 年，连云港被评为“全省 2015 年大气污染防治优秀城市”；

2016 年，连云港空气优良率达到了 76.5%，超额完成省下达的 71.7% 的年度目标任务，并提前完成省下达的 76.2% 的“十三五”目标总任务。连云港具备基本科学素质的公民比例为 6.8%，高于全国平均水平 0.6 个百分点。“全员劳动生产率达全国平均水平 1.5 倍以上”的目标设定过高，经过几年努力，连云港全员劳动生产率从 4.58 万元/人提高到 8.63 万元/人，增长 88.2%，基本达到全国平均水平。

5.2.2 定性评估

（1）开发区

开发区始终以打造创新发展先行区为主线，创新型园区建设取得“量质”同步提升。2012 年开发区率先建成全市首家“千亿园区”，2014 年获批成为省知识产权示范园区。连云港高新区 2015 年升格为国家级高新区。全区高新技术产业产值占工业总产值比重达 66.8%，全社会 R&D 占 GDP 比重达 2.85%，战略性新兴产业产值 703 亿元。

在推进创新型城市建设中，开发区各项任务完成情况具体如下：一是强化企业自主创新，通过突破关键核心技术，加速科技成果转化，形成了生物医药、新材料和新能源等新兴产业为主导的产业发展格局。恒瑞、康缘、豪森进入中国医药企业创新力前 10 强，豪森荣获第十六届中国专利金奖。二是加快“二三二”产业集聚，重点培育生命健康和先进材料两大战略性新兴产业，积极发展大型装备、精密机械和消费电子三大先进制造业，加快推进生产性服务和文化创意两大现代服务业。三是加大“区中园”建设力度，把新医药产业园、中德中小企业产业合作园、清洁能源创新产业园作为建设创新型园区的有效载体。四是提升创新平台建设，着力推动中科院能源动力研究中心建设，重点支持江苏省高性能纤维产品质检中心创建国家级，加快推进生命健康产业公共服务平台建设。五是实施创新人才集聚，设立 1 亿元人才创业发展资金，引进高层次人才 53 人，其中国家“千人计划”人才 2 人，省“双创计划”人才 3 人，成立“千人计划”新医药研究院，加快建设诺贝尔医学工作室。

（2）海州区

海州区实施创新驱动发展战略，着力打造具有海州特色的省创新型试点区，科技综合实力稳步提升。2015 年，全区完成地区生产总值 209.5 亿元，完成规模以上工业投资 102.6 亿元，增幅高于全市平均水平 20 个百分点，居全市首位。高新技术产业产值占全区规模以上工业总产值比重达到 70.36%，获批省创新型试点区、国家火炬计划连云港装备制造特色产业基地、国家知识产权强县工程试点区等。

在推进创新型城市建设中，海州区各项任务完成情况具体如下：一是高新技术产业实现较快增长，战略性新兴产业产值 75 亿元。国家高新技术企业 32 家，省科技型中小企业 104 家，国家知识产权贯标企业 2 家，获昆山国际发明展览会金奖 1 项、银奖 5 项。日出东方、鹰游纺机、天明装备 3 家企业产值均过 15 亿元，列入市重点监控新增长点。二是科技服务业引领效应增强，“井”字形中央商贸金融服务业集聚区容量扩大，智慧物流园列入 2015 年省 200 个重点项目之一，杰瑞科技文化创意产业园获省级文化创意示范园。三是高效农业迈上新台阶，高效设施农业面积占耕地面积比重达 11.8%，其中高效设施渔业 2 300 亩，打造规模化生产基地 4 个。四是科技创新载体不断拓展，建有省级以上研发机构 62 家，省级以上创新创业载体 9 家，集聚高校及科研院所 20 余家。五是人才队伍建设有效加强，积极实施全市“三百引才工程”“1 155 人才培训计划”，启动“海州‘百名英才’培育工程”，在各类人才队伍方面分别建立 100 人的培育梯队，深入实施“本土人才扎根计划”，从辖区企业中择优遴选 41 家作为首批实习基地，吸引本地高校优秀人才留区干事创业。

（3）连云区

连云区结合区情实际，着力在科技项目申报、创新型企业培育、科技创新平台建设、高新技术产业发展、创新环境优化等方面下功夫，创新型城区建设取得较好发展。

在推进创新型城市建设中，连云区各项任务完成情况具体如下：一是培育创新型企业。积极发展高新技术企业，目前共拥有国家级高新技术企业 5 家、省级高新技术企业 5 家，民营科技型企业 136 家，高新技术企业占规模以上企业总数比例达到 18.2%。推动小微企业创新发展，目前已建成 1 个省级孵化器——连云港云港高新技术产业园。二是加快产业转型升级。发展战略新兴产业，珠江钢管等项目正式签约，标志着连云区园区工业发展上升到了全新层面。改造提升传统产业，深入开展“千企技改，百企翻番”活动。加快发展新兴服务业，板桥物流园区建设初具规模，2014 年全区实现服务业增加值 49 亿元，同比增长 11%。推进农业现代化，新增规模以上龙头企业 3 家，提升海洋渔业科技水平。三是加强创新载体平台建设，拥有省级重大公共技术服务平台 1 个，院士工作站、博士后科研工作站、省级工程技术研究中心等三站三中心 54 个，非独立的研发机构 2 个，省级孵化器 1 个。连云海洋功能材料科技产业园被认定为省级科技产业园，全面实现大中型企业研发机构全覆盖的目标任务。四是深入推进产学研合作。建成 11 000 平方米集研发、生产、人才服务于一体的科技创业园，共引进高校（院所）研究机构 2 家，发展校企联盟 19 个。五是优化创新环境。加大科技投入，区财政科学技术支出占当年本级财政一般预算支出（决算）比例 2012—2014 年分别为 1.36%、1.44%、1.31%。相继出台了《关于加快企业为主体市场为导向产学研相结合技术创新体系建设的实施意见》《连云区专利奖励专项资金使用管理办法》等一系列激励科技创新的政策措施。六是完善人才工作机制，制定《连云区引进高层次领军人才服务办法》《连云区 2014—2016 年人才工作实施方案》等人才激励政策，人才资源总量达 2.2 万人，每万人口拥有人才数 1 692 人，高层次人才 1 400 人。七是实施知识产权战略，全区专利申请量达 697 件，授权量达 469 件，江苏省名牌产品累计 3 个，中国名牌产品累计 1 个，江苏省知名商标累计 7 个。

（4）赣榆区

赣榆区紧紧围绕创新型城市建设目标分解任务，扎实推进全区创新型城市建设工作，取得了良好的效果。

在推进创新型城市建设中，赣榆区各项任务完成情况具体如下：一是实施高新技术企业“倍增”工程，拥有高新技术企业 21 家，新认定省级高新技术产品 35 个。二是推动科技小微企业创新发展，建立科技小微企业数据库。三是建设高水平企业研发机构，规模以上工业企业普遍建立研发机构，大中型工业企业实现研发机构全覆盖，规模以上工业企业研发投入占主营业务收入比重达到 2.42%。四是推进科技企业孵化器建设，建有省级科技企业孵化器 2 个，孵化面积 10.46 万平方米，入驻企业 42 家；拥有中国水科院东海水产研究所赣榆海洋资源综合利用研究院等省级公共科技创新平台 3 家。五是加快发展现代农业，支持园区与高校、科研院所共建一批农业科技平台，显著提高农业种养殖效益和农产品附加值，高效设施农业面积占耕地面积的比重达 23.65%。六是积极实施知识产权战略，开展区域试点示范创建工作，全区专利授权量为 985 件，其中发明专利授权 27 件，发明专利授权量年均增长 35%。七是构筑创新创业人才高地，大力实施“海州湾英才计划”，培养引进科技领军人才，强化人才服务体系建设。引进博士以上高层次创新创业人才 30 多人，其中镔鑫特钢、盛和生物医药等 2 家企事业单位引进的人才获批省双创人才和博士集聚计划，金茂源生物化工等 5 家企业引进的人才获批省博士计划。

（5）东海县

东海县以创新试点县创建为抓手，将高新技术创新平台建设等各项目标任务进行分解，制定考核办法，进行督查实施，取得了良好的成效。

在推进创新型城市建设中，东海县各项任务完成情况具体如下：一是战略性新兴产业发展迅速，形成了以高品质石英玻璃制品、高等级石英玻璃原料、高科技硅微粉三大生产基地和优质压电石英晶体、多品种石英照明灯具两大中心为代表的具有鲜明区域特色的硅材料产业群。高新技术产业产值占规模以上工业总产值的比重已达 49.6%，战略新兴产业产值已达 390 亿元。二是技术研发和品牌建设初见成效，拥有省级企业技术中心和研发机构的中材高新、晶澳太阳能、晶海洋、石光光伏等企业重点围绕太阳能光伏、多（单）晶硅光转换率、硅材料深加工等关键技术，进行产学研合作和联合攻关，以技术的率先突破带动新兴产业的领先发展。全社会 R&D 投入占全县 GDP 的比重已达 1.3% 以上，县财政科技支出占财政一般预算支出的比重已达 3% 左右。三是现代农业建设稳步推进。东海现代农业示范区已建成区面积达到 10 000 多亩，“五有”乡镇农技推广综合服务中心全覆盖，科技特派员实现主导产业全覆盖，高效设施农业面积占耕地面积比重达 16.99%。四是创新平台载体取得新进展，获批建设国家可持续发展实验区，获批建设省创新型试点县（城市），筹建省级高新区进展有突破，创建省级知识产权试点县工作扎实推进。五是科技金融有序发展，制定了《东海县科技成果转化风险补偿专项资金暂行管理办法》，设立 500 万元省级创新型城市建设科技专项资金，加大创新型城市建设的投入。

（6）灌云县

灌云县围绕科技创新体系建设的总体目标，紧扣县委、县政府“沿海开发、工业优先、创新驱动、统筹城乡、民生为先”的发展战略，深入落实科技创新驱动战略，国家创新型试点城市建设工作取得良好成效。

在推进创新型城市建设中，灌云县各项任务完成情况具体如下：一是深化产学研合作，与省农科院签订共建芦蒿技术研发中心、与南通大学等签订共建技术转移中心等协议。2014 年全县拥有苏北专项行动科技富民强县重点县项目、省成果转化基金项目、科技支撑计划项目等各类项目 40 余个，企业创新类项目 28 项，高新企业 2 家，省级工程技术中心 3 家，研究生工作站 3 家。二是强化创新载体建设，科技服务超市建设示范效应显著，全县建成省级工程技术研究中心 4 家、省级企业技术中心 3 家，市级企业研发机构 35 个，建成云海高新技术创业服务中心、江苏省灌云科技企业孵化器等两个省级科技创业园。远征化工跻身第一批省重点企业研发机构，现代农业装备研究院被国家科技部、教育部认定为特色产业研发基地。三是扎实开展知识产权工作，南京农业大学（灌云）现代农业装备研究院知识产权申请量进入省十佳申请研究院所。灌云县获批江苏省实施知识产权战略区域试点县，进一步加大专利申报宣传力度，宣传知识产权知识。

（7）灌南县

灌南县以创新型试点县创建为着力点，制定创新发展考核办法，取得良好的成绩。2014 年高新技术产值占规模以上工业产值比重达 19.46%，全社会 R&D 经费占全县 GDP 的比重达 1.05% 以上，财政科技经费支出占财政一般预算支出的比重达 2.92%，高效设施农业面积占耕地面积比重达 21.5%，有效发明专利拥有量 64 件，万元 GDP 综合能耗较上一年度下降 3.1%，每万名劳动力中高技能人才数达 303 人。

在推进创新型城市建设中，灌南县各项任务完成情况具体如下：一是进一步优化创新环境，出台《关于加快科技创新体系建设的实施意见》等系列文件，科技贷款 600 万元，发放科技创新券 280 万元。二是以项目带动企业技术提升，侧重在食用菌、精细化工等行业以及科技企业上市培育方面组织项目申报。全县拥有国家级高新技术企业 21 家，省（后备）高新技术企业 6 家，省科技型中小企业 55 家。三是大力支持研发平台建设，联合南京农业大学成立南京农业大学（灌南）食用菌产业研究院，联合南京大学共建科技公共服务平台——“江苏省沿海化工环保科技公共服务中心”。四是不断深化产学研合作，重点开展化工、环保、新能源等产学研创新基地建设工作，签订产学研合作协议 90 多项，与太仓市合作建设太仓灌南高新技术产业园，5 人入选省企业博士计划。五是加强示范带动作用，堆沟港镇获批省创新型试点乡镇，化工园区被认定为省知识产权试点园区。灌南县获批省富民强县重点县。

6　连云港国家创新型试点城市建设的产业创新评估

连云港创新型城市建设的现状评估是从宏观到微观，由点及线再到面的调研分析，创新型城市建设的核心动力是行业创新发展水平的提升和企业自主创新能力的提高。

6.1　产业总体评估

6.1.1　产业特征分析

（1）被调查企业的产业分布情况

一次问卷共调研了 119 家连云港规模以上企业。本书根据问卷整理，将 119 家企业划分为新医药、新能源、新材料、石油化工、冶金钢铁、现代物流、新信息技术、农产品加工及其他 9 类产业。具体产业分布情况见表 6-1。

由表 6-1 可知，连云港正着重发展新医药、新材料产业，两类产业

表 6-1 一次问卷中被调查企业的所属产业具体分布情况

产业	数量（家）
新医药	24
新能源	5
新材料	34
石油化工	8
冶金钢铁	2
现代物流	1
新信息技术	7
农产品加工	2
其他	36
总量	119

中的企业数量占总数的 48%，可见连云港对这两类产业的发展较为关注和支持。同时，新能源、新信息技术等产业中的企业数量相较于新医药、新材料产业略少，说明连云港存在各产业间发展不平衡的问题。

（2）被调查企业的地域分布情况

一次问卷调研的 119 家企业中，在海州区、开发区、赣榆区三地设厂的企业占全市的 65%。119 家企业地域分布情况如图 6-1 所示。

（3）被调查企业的性质分布情况

根据一次问卷整理统计得：在这 119 家企业中，有限责任制及私营性质的企业占高新技术企业总量的 75%。企业性质具体分布情况见表 6-2。

6.1.2 产业创新基础评估

（1）连云港各产业两年内从业人员增长人数比率分析

根据一次问卷整理统计得：截至 2013 年年末，119 家企业从业人员达 43 919 人；截至 2014 年年末，119 家企业企业从业人员达 47 546 人，同比增长 8%；截至 2015 年年末，119 家企业企业从业人员达 48 312 人，同比增长 1.6%。不同产业两年内从业人员增长比率详细情况见表 6-3。

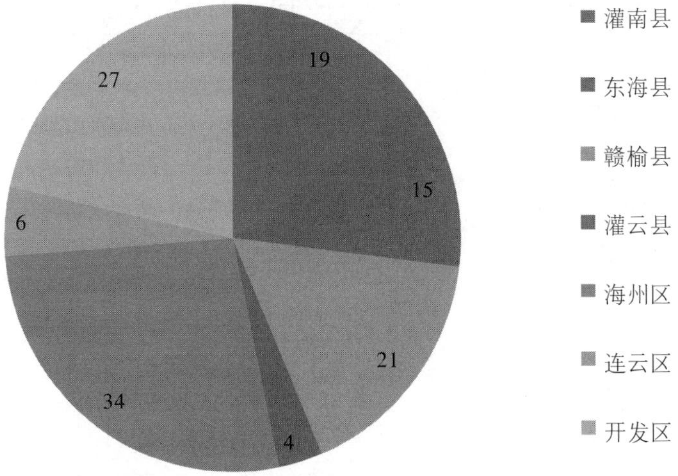

图 6-1　一次问卷中被调查企业的所属地域分布情况

表 6-2　**一次问卷中被调查企业所属性质的具体分布情况**

性质	数量（家）
国有企业	10
集体企业	1
股份合作制企业	1
有限责任制企业	46
股份有限制企业	13
私营企业	44
外商企业	2
其他性质企业	1
总量	119

从表 6-3 可知，连云港各产业从业人员平稳增长，说明连云港各产业正处于良好的上升发展阶段，其中农产品加工、新信息技术、新医药产业两年内从业人员增长人数比率均超 20%，说明上述 3 个产业两年内产业容量不断扩张，成长迅猛。相较于上述 3 个产业，其他 5 个产业在产业扩张方面发展较慢。

表 6-3 各产业两年内从业人员增长人数比率

产业	比率（%）
新医药	21.7
新能源	4.9
新材料	5
石油化工	6
冶金钢铁	3
现代物流	2.8
新信息技术	60
农产品加工	183
其他	3

（2）连云港各产业两年内科技（或技术）活动人员增长人数比率分析

根据一次问卷整理统计得：截至 2013 年年末，119 家企业中科技（或技术）活动人员数达 8 255 人；截至 2014 年年末，119 家企业中科技（或技术）活动人员数达 9 255 人，同比增长 12%；截至 2015 年年末，119 家企业中科技（或技术）活动人员数达 10 320 人，同比增长 11.5%。其中，各产业两年内科技（或技术）活动人员数增长比率见表 6-4。

表 6-4 各产业两年内科技（或技术）活动人员增长人数比率

产业	比率（%）
新医药	0
新能源	0
新材料	29.0
石油化工	0
冶金钢铁	0
现代物流	10.0
新信息技术	0
农产品加工	0
其他	13.8

从表 6-4 可知，连云港科技（或技术）活动人员数的快速增长仅是新材料、现代物流及其他 3 个产业科技活动人员增加的结果，相较于上述 3 个产业，其他 5 个产业并未有科技活动人员数的增加，这些产业的科技人才队伍发展现状与自主创新型城市建设的要求极不适应。

6.1.3 产业创新投入评估

（1）连云港各产业两年内科技活动经费支出情况分析

根据一次问卷整理统计得：截至 2013 年年末，119 家企业科技活动经费支出总额为 219 162.05 万元；截至 2014 年年末，119 家企业科技活动经费支出总额为 284 875.17 万元，同比增长 29%；截至 2015 年年末，119 家企业科技活动经费支出总额为 317 887.86 万元，同比增长 11.5%。其中，各产业两年内科技活动经费支出总额如图 6-2 所示。

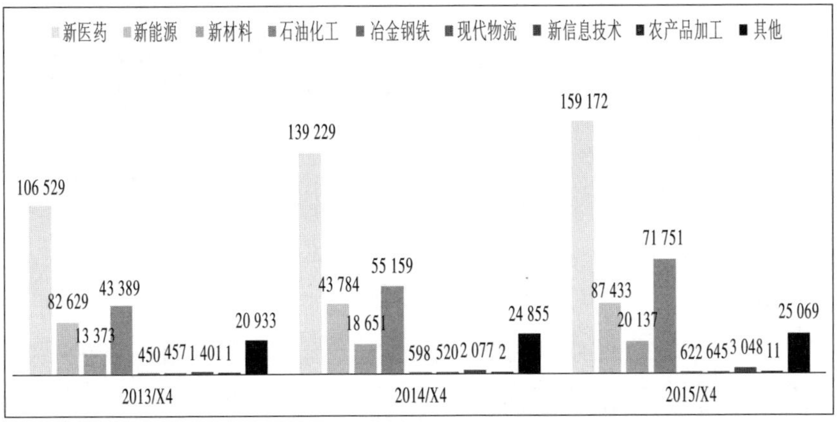

图 6-2 连云港各产业两年内科技活动经费支出情况

从图 6-2 可知，新医药、石油化工、新能源、新材料行业的科技活动经费投入较多，特别是新医药产业的科技活动投入经费明显高于其他产业，说明以新医药产业为首的上述 4 个产业近几年对培养自主创新能力的活动愈发重视，稳健上升的科技活动经费为上述 4 个产业的科技研发活动提供了资金保障，为提高它们的自主创新能力提供了良好的经济基础。对比而言，其他几个产业的科技活动投入经费虽年年上升，但投入金额相较于上述 4 个产业不高，这使得这几个产业的科技活动研发过程产生了局限性，说明这几个产业对培养自主创新能力的意识还不够。

（2）连云港各产业员工培训费用情况分析

根据一次问卷整理统计得：截至 2013 年年末，119 家企业全年员工培训费用总额为 8 046.65 万元；截至 2014 年年末，119 家企业全年员工培训费用总额为 5 533.22 万元，同比减少 31%；截至 2015 年年末，119 家企业全年员工培训费用总额为 6 426.96 万元，同比增长 14%。各产业员工培训费用总额如图 6-3 所示。

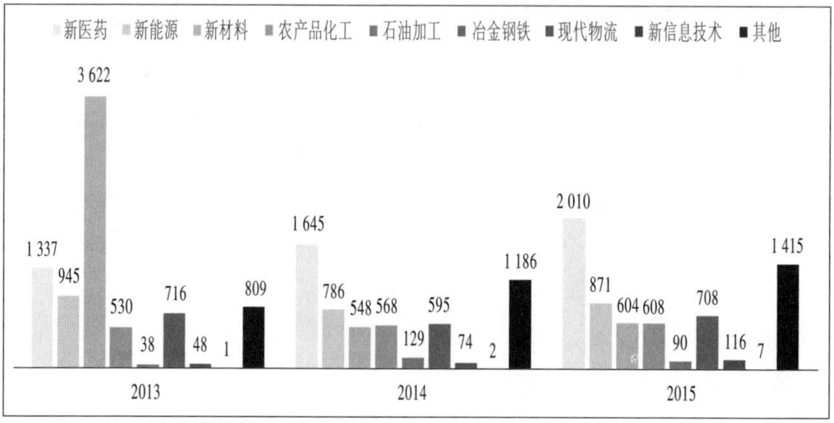

图 6-3　连云港各产业员工培训费用情况

从图 6-3 可知，新医药、新能源、新材料产业的员工培训费用略高于其他 5 个产业，充足的员工培训费用保证了上述产业科研活动的深入开展。相反，石油加工、新信息技术、现代物流产业的员工培训费用较其他产业投入少很多，这严重制约了这些产业内部自主创新活动的深入开展，限制了产业内部自主创新能力的培养。

6.1.4　产业创新产出评估

（1）连云港各产业新产品收入分析

根据一次问卷整理统计得：截至 2013 年年末，119 家企业年新产品销售收入达 2 819 222.1 万元；截至 2014 年年末，119 家企业年新产品销售收入达 5 704 377.95 万元，同比增长 102%；截至 2015 年年末，119 家企业年新产品销售收入达 3 269 520.19 万元，同比减少 42.7%。其中，各产业内平均每家企业 2013—2015 年新产品销售收入情况如图

6-4 所示。

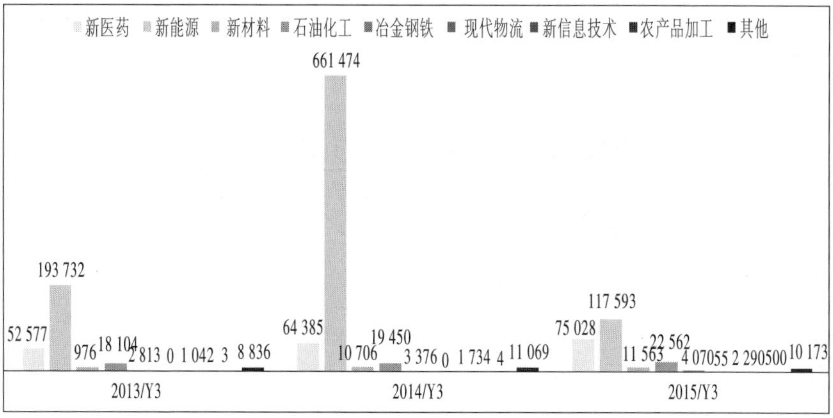

图 6-4 各产业内平均每家企业 2013—2015 年新产品销售收入情况

由图 6-4 可知，虽然 2014 年新产品销售收入增长十分迅猛，但 2015 年新产品销售收入又减少了接近 50%，说明新产品在销售过程中发展不稳定，侧面反映了新产品在品质等方面可能存在问题，使得销售量增长极不稳定。同时，新能源、新医药产业的平均每家企业年新产品销售收入明显高于其他产业，其他产业平均每家企业年新产品销售收入并不高，说明这些产业存在产品研发能力较低、品牌形象不鲜明等问题，导致新产品无法吸引顾客。

（2）连云港各产业各级科学技术获奖情况分析

根据一次问卷整理统计得：截至 2015 年年末，119 家企业共获国家级科学技术奖 19 件，其中，其他产业和新医药产业获国家级科学技术奖最多：其他产业获国家级科学技术奖 8 件，新医药产业获国家级科学技术奖 6 件。新能源、冶金钢铁、现代物流、新信息技术、农产品加工产业都未获国家级科学技术奖。各产业获国家级科学技术奖情况如图 6-5 所示。

根据一次问卷整理统计得：截至 2015 年年末，119 家企业共获江苏省科学技术奖 35 件，其中，新医药产业获江苏省科学技术奖最多，共 22 件，其次，新材料产业获江苏省科学技术奖 6 件。冶金钢铁、现代物流、新信息技术、农产品加工产业都未获江苏省科学技术奖。各产业获江苏省级科学技术奖情况如图 6-6 所示。

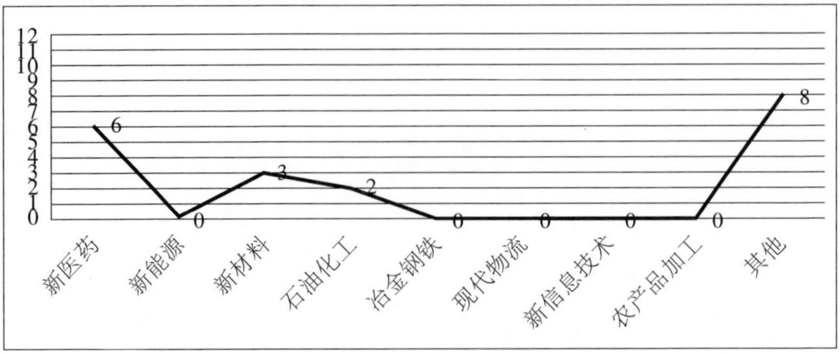

图 6-5 连云港各产业内国家级技术奖获奖数量

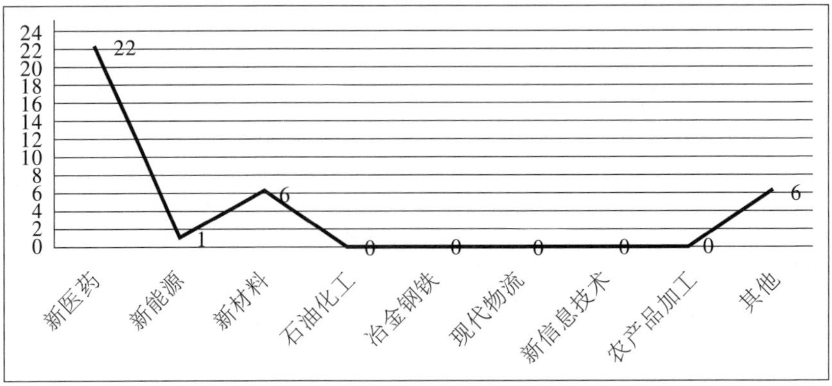

图 6-6 连云港各产业内江苏省科学技术奖获奖数量

根据一次问卷整理统计得：截至 2015 年年末，119 家企业共获连云港市科学技术奖 118 件，其中，新医药产业获连云港市科学技术奖最多，共 55 件。此外，新材料产业获连云港市科学技术奖 24 件。现代物流产业未获连云港市科学技术奖。各产业获连云港市科学技术奖情况如图 6-7 所示。

综上所述，在各级科学技术奖中，新医药、新材料产业表现优异，这侧面反映了国家、省、市对这两个产业已有自主创新能力的高度认可，其余产业的表现侧面反映出这些产业的自主创新能力相较于新医药、新材料产业还需进一步加强，各产业间自主创新能力发展不平衡问题也在这方面凸显出来。

（3）连云港各产业累计授权专利数量和累计授权发明专利数量分析

根据一次问卷整理统计得：截至 2015 年年末，被调查产业中，累

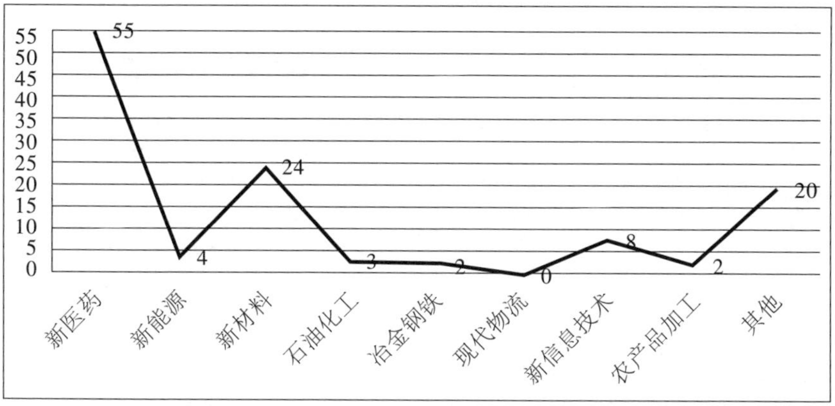

图 6-7　连云港各产业内市科学技术奖获奖数量

计授权专利共 2 394 件，累计授权发明专利共 751 件。从图 6-8 和图 6-9 可看出，新医药产业不仅在累计授权专利数量方面最多，达 805 件，而且在累计授权发明专利数量方面最多，达 473 件。这侧面反映出新医药产业因其产业性质，对专利（含发明专利）的重视程度远远超过其他产业。新能源、新材料产业累计授权专利数量、累计授权发明专利数量紧随其后，但其余产业的累计授权专利数量、累计授权发明专利数量较少，尤其是现代物流产业，没有获得授权专利。这说明其余产业对维护自主创新知识产权意识不强，不利于自主创新活动的长期开展。

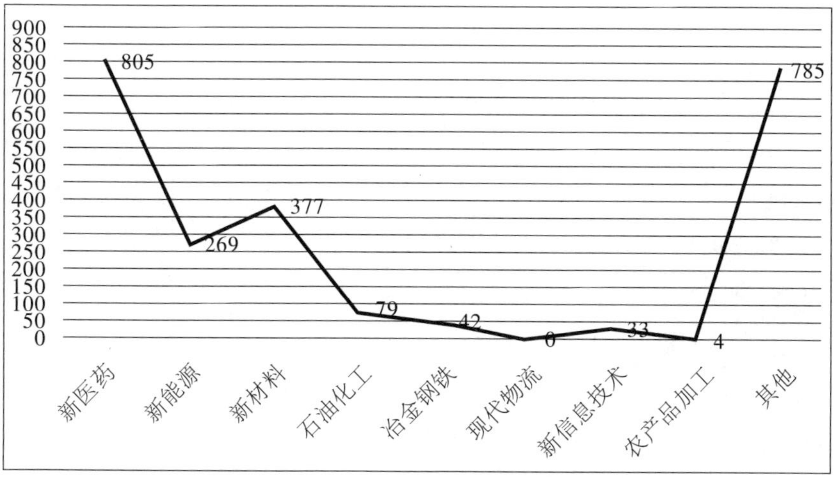

图 6-8　连云港各产业累计授权专利数量

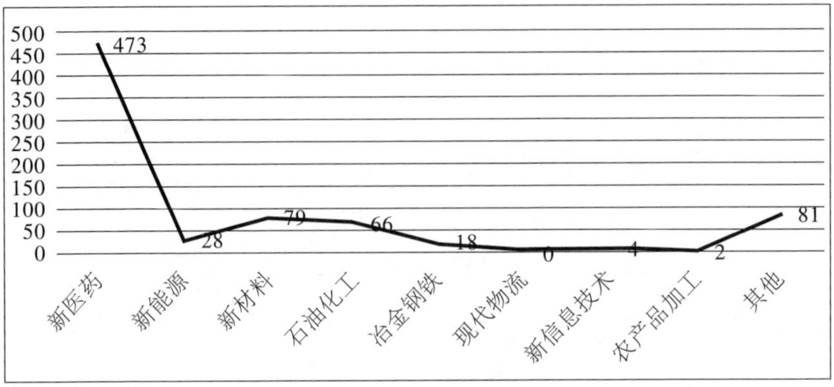

图 6-9 连云港各产业累计授权发明专利数量

（4）连云港各产业拥有驰（著）名商标情况分析

根据一次问卷整理统计得：截至 2015 年年末，119 家企业共获中国驰名商标 11 件，其中，新医药产业获中国驰名商标最多，达 4 件。现代物流、新信息技术、农产品加工、冶金钢铁产业都未获中国驰名商标。各产业获中国驰名商标情况如图 6-10 所示。

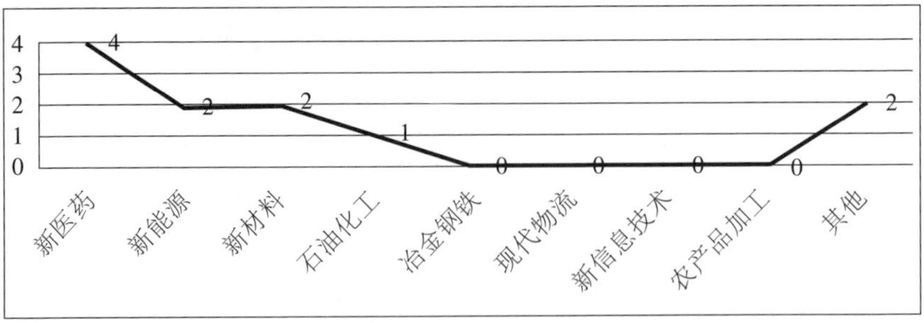

图 6-10 连云港各产业拥有中国驰名商标数量

根据一次问卷整理统计得：截至 2015 年年末，119 家企业共获江苏省著名商标 39 件，其中，新医药产业获江苏省著名商标最多，达 18 件。现代物流、新信息技术、农产品加工产业都未获江苏省著名商标。各产业获江苏省著名商标情况如图 6-11 所示。

根据一次问卷整理统计得：截至 2015 年年末，119 家企业共获连云港市著名商标 30 件，其中，除其他产业外，新医药产业获连云港市著名商标最多，达 7 件。新能源、现代物流新信息技术、农产品加工产业都未获连云港市著名商标。各产业获连云港市著名商标情况如图 6-12 所示。

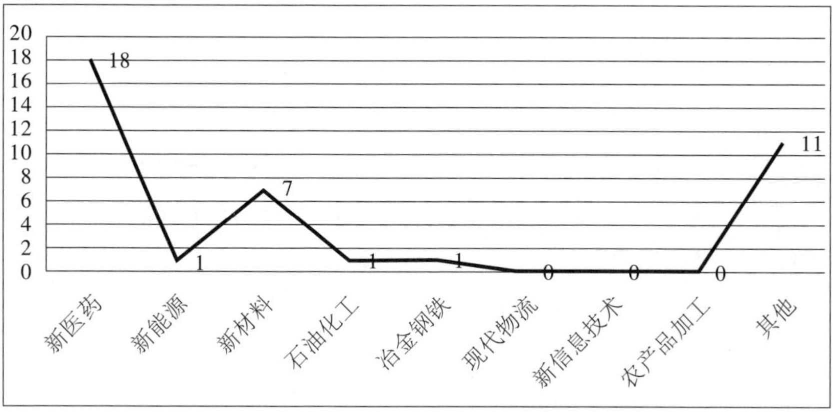

图 6-11 连云港各产业拥有省著名商标数量

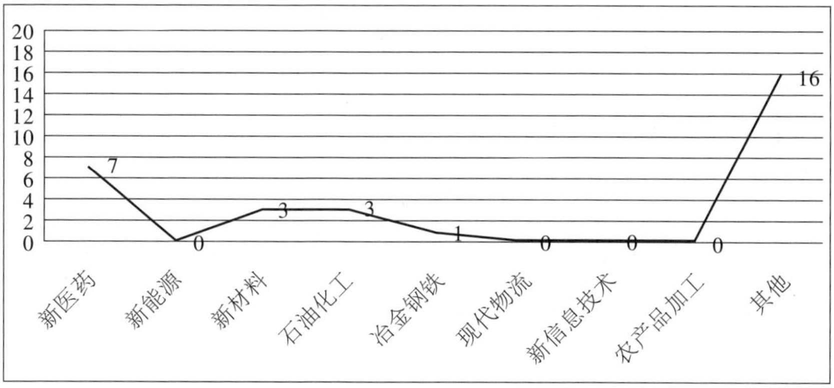

图 6-12 连云港各产业拥有市著名商标数量

综上所述，从各产业拥有的驰（著）名商标情况来看，新医药、新材料产业表现优异，这表明这两个产业相较于其他产业来说对自身品牌建立战略有较高的关注度。总体而言，连云港各产业驰（著）名商标的拥有率并不高，特别是国家级的驰名商标。这揭示了连云港各产业自主创新活动对于市场需求的针对性不高，市场对产品的认知度及信任度较低，各产业需要注意对自身品牌形象的创建。

6.2 产业具体评估

为了全面了解连云港产业创新能力，课题组对连云港代表性产业进行了分析，主要是新医药、新材料、新能源、石油化工、新信息技术等产业。

6.2.1 新医药产业

（1）描述性统计

新医药产业样本企业共 25 家，平均年产值 137 940.76 万元，平均营业收入 104 337.54 万元，其中平均主营业务收入 104 189.26 万元，平均净利润 25 155.09 万元；平均科技（或技术）活动经费支出 8 566.90 万元，平均高新技术产品销售收入 94 909.96 万元；平均员工数 926.20 人，其中从事科技活动的员工平均为 230.28 人，从事科技活动员工数占比为 24.86%（见表 6–5）。

表 6–5 **新医药产业描述性统计分析（2014 年）**

行业	平均年产值（万元）	平均营业收入（万元）	平均主营业务收入（万元）	平均净利润（万元）	平均科技（或技术）活动经费支出（万元）	平均高新技术产品销售收入（万元）	平均员工数（人）	从事科技活动员工平均数（人）	从事科技活动员工数占比（%）
新医药	137 940.76	104 337.54	104 189.26	25 155.09	8 566.90	94 909.96	926.20	230.28	24.86

（2）创新发展主要指标水平

新医药产业平均授权专利 42.95 件，平均授权发明专利 30.70 件，平均全年员工培训费用 86.07 万元，平均新产品产值 104 579.76 万元，企业内部用于科技活动的非政府经费支付平均为 7 227.13 万元，委托外单位开展科技活动的平均经费支出为 1 068.63 万元，使用来自政府部门的科技活动资金用于企业内部科技活动平均值为 421.49 万元（见表 6–6）。

表 6–6 **新医药产业创新发展主要指标情况（2014 年）**

行业	平均授权专利（件）	平均授权发明专利（件）	平均全年员工培训费用（万元）	平均新产品产值（万元）	企业内部用于科技活动的非政府经费支付平均值（万元）	委托外单位开展科技活动的平均经费支出（万元）	使用来自政府部门的科技活动资金用于企业内部科技活动平均值（万元）
新医药	42.95	30.70	86.07	104 579.76	7 227.13	1 068.63	421.49

6.2.2 新材料产业

（1）描述性统计

新材料产业样本企业共 36 家，平均年产值 17 351.29 万元，平均营业收入 18 280.30 万元，其中平均主营业务收入 17 913.10 万元，平均净利润 786.46 万元；平均科技（或技术）活动经费支出 683.38 万元，平均高新技术产品销售收入 12 290.92 万元；平均员工数 198.69 人，其中从事科技活动的员工平均为 53.54 人，从事科技活动员工数占比为 26.95%（见表 6–7）。

表 6–7　　新材料产业描述性统计分析（2014 年）

行业	平均年产值（万元）	平均营业收入（万元）	平均主营业务收入（万元）	平均净利润（万元）	平均科技（或技术）活动经费支出（万元）	平均高新技术产品销售收入（万元）	平均员工数（人）	从事科技活动员工平均数（人）	从事科技活动员工数占比（%）
新材料	17 351.29	18 280.30	17 913.10	786.46	683.38	122 90.92	198.69	53.54	26.95

（2）创新发展主要指标水平

新材料产业平均授权专利 10.97 件，平均授权发明专利 2.46 件，平均全年员工培训费用 18.81 万元，平均新产品产值 5 201.61 万元，企业内部用于科技活动的非政府经费支付平均为 772.16 万元，委托外单位开展科技活动的平均经费支出为 23.66 万元，使用来自政府部门的科技活动资金用于企业内部科技活动平均值为 9.60 万元（见表 6–8）。

表 6–8　　新材料产业创新指标（2014 年）

行业	平均授权专利（件）	平均授权发明专利（件）	平均全年员工培训费用（万元）	平均新产品产值（万元）	企业内部用于科技活动的非政府经费支付平均值（万元）	委托外单位开展科技活动的平均经费支出（万元）	使用来自政府部门的科技活动资金用于企业内部科技活动平均值（万元）
新材料	10.97	2.46	18.81	5 201.61	772.16	23.66	9.60

6.2.3 新能源产业

（1）描述性统计

新能源产业样本企业共 5 家，平均年产值 238 550.07 万元，平均营业收入 247 256.70 万元，其中平均主营业务收入 242 115.70 万元，平均净利润 46 468.99 万元；平均科技（或技术）活动经费支出 74 86.54 万元，平均高新技术产品销售收入 225 726.90 万元；平均员工数 1 507.80 人，其中从事科技活动的员工平均为 235.60 人，从事科技活动员工数占比为 15.63%（见表 6-9）。

表 6-9　　新能源产业描述性统计分析（2014 年）

行业	平均年产值（万元）	平均营业收入（万元）	平均主营业务收入（万元）	平均净利润（万元）	平均科技（或技术）活动经费支出（万元）	平均高新技术产品销售收入（万元）	平均员工数（人）	从事科技活动员工平均数（人）	从事科技活动员工数占比（%）
新能源	238 550.07	247 256.70	242 115.70	46 468.99	7 486.54	225 726.90	1 507.80	235.60	15.63

（2）创新发展主要指标水平

新能源产业平均授权专利 53.80 件，平均授权发明专利 5.60 件，平均全年员工培训费用 174.15 万元，平均新产品产值 110 530.80 万元，企业内部用于科技活动的非政府经费支付平均为 6 181.87 万元，委托外单位开展科技活动的平均经费支出为 1 261.36 万元，使用来自政府部门的科技活动资金用于企业内部科技活动平均值为 439.22 万元（见表 6-10）。

表 6-10　　新能源产业创新指标（2014 年）

行业	平均授权专利（件）	平均授权发明专利（件）	平均全年员工培训费用（万元）	平均新产品产值（万元）	企业内部用于科技活动的非政府经费支付平均值（万元）	委托外单位开展科技活动的平均经费支出（万元）	使用来自政府部门的科技活动资金用于企业内部科技活动平均值（万元）
新能源	53.80	5.60	174.15	110 530.80	6 181.87	1 261.36	439.22

6.2.4 石油化工产业

（1）描述性统计

石油化工产业样本企业共 8 家，平均年产值 271 184.63 万元，平均营业收入 20 735.97 万元，其中平均主营业务收入 20 700.60 万元，平均净利润 1 108.67 万元；平均科技（或技术）活动经费支出 8 968.91 万元，平均高新技术产品销售收入 11 485.89 万元；平均员工数 335.75 人，其中从事科技活动的员工平均为 77.13 人，从事科技活动员工数占比为 22.97%（见表 6-11）。

表 6-11　　石油化工产业描述性统计分析（2014 年）

行业	平均年产值（万元）	平均营业收入（万元）	平均主营业务收入（万元）	平均净利润（万元）	平均科技（或技术）活动经费支出（万元）	平均高新技术产品销售收入（万元）	平均员工数（人）	从事科技活动员工平均数（人）	从事科技活动员工数占比（%）
石油化工	271 184.63	20 735.97	20 700.60	1 108.67	8 968.91	11 485.89	335.75	77.13	22.97

（2）创新发展主要指标水平

石油化工产业平均授权专利 10.63 件，平均授权发明专利 9 件，平均全年员工培训费用 75.95 万元，平均新产品产值 7 778.44 万元，企业内部用于科技活动的非政府经费支付平均为 897.37 万元，委托外单位开展科技活动的平均经费支出为 52.49 万元，使用来自政府部门的科技活动资金用于企业内部科技活动平均值为 35.66 万元（见表 6-12）。

表 6-12　　石油化工产业创新指标（2014 年）

行业	平均授权专利（件）	平均授权发明专利（件）	平均全年员工培训费用（万元）	平均新产品产值（万元）	企业内部用于科技活动的非政府经费支付平均值（万元）	委托外单位开展科技活动的平均经费支出（万元）	使用来自政府部门的科技活动资金用于企业内部科技活动平均值（万元）
石油化工	10.63	9	75.95	7 778.44	897.37	52.49	35.66

6.2.5 精细化工产业

（1）描述性统计

精细化工产业样本企业共 4 家，平均年产值 22 480.50 万元，平均营业收入 20 954.53 万元，其中平均主营业务收入 20 914.83 万元，平均净利润 803.60 万元；平均科技（或技术）活动经费支出 1 059.50 万元，平均高新技术产品销售收入 5 948.07 万元；平均员工数 251.75 人，其中从事科技活动的员工平均为 60.50 人，从事科技活动员工数占比为 24.03%（见表 6-13）。

表 6-13 **精细化工产业描述性统计分析（2014 年）**

行业	平均年产值（万元）	平均营业收入（万元）	平均主营业务收入（万元）	平均净利润（万元）	平均科技（或技术）活动经费支出（万元）	平均高新技术产品销售收入（万元）	平均员工数（人）	从事科技活动员工平均数（人）	从事科技活动员工数占比（%）
精细化工	22 480.5	20 954.53	20 914.83	803.60	1 059.50	5 948.07	251.75	60.50	24.03

（2）创新发展主要指标水平

精细化工产业平均授权专利 2.25 件，平均授权发明专利 1.75 件，平均全年员工培训费用 125.50 万元，平均新产品产值 0 万元，企业内部用于科技活动的非政府经费支付平均为 614.89 万元，委托外单位开展科技活动的平均经费支出为 16.67 万元，使用来自政府部门的科技活动资金用于企业内部科技活动平均值为 13.33 万元（见表 6-14）。

表 6-14 **精细化工产业创新指标（2014 年）**

行业	平均授权专利（件）	平均授权发明专利（件）	平均全年员工培训费用（万元）	平均新产品产值（万元）	企业内部用于科技活动的非政府经费支付平均值（万元）	委托外单位开展科技活动的平均经费支出（万元）	使用来自政府部门的科技活动资金用于企业内部科技活动平均值（万元）
精细化工	2.25	1.75	125.50	0	614.89	16.67	13.33

6.2.6 冶金钢铁产业

（1）描述性统计

冶金钢铁产业样本企业共 2 家，平均年产值 44 535 万元，平均营业收入 44 535 万元，其中平均主营业务收入 44 535 万元，平均净利润 10 470.65 万元；平均科技（或技术）活动经费支出 311 万元，平均高新技术产品销售收入 44 535 万元；平均员工数 267 人，其中从事科技活动的员工平均为 18 人，从事科技活动员工数占比为 6.74%（见表 6-15）。

表 6-15　冶金钢铁产业描述性统计分析（2014 年）

行业	平均年产值（万元）	平均营业收入（万元）	平均主营业务收入（万元）	平均净利润（万元）	平均科技（或技术）活动经费支出（万元）	平均高新技术产品销售收入（万元）	平均员工数（人）	从事科技活动员工平均数（人）	从事科技活动员工数占比（%）
冶金钢铁	44 535	44 535	44 535	10 470.65	311	44 535	267	18	6.74

（2）创新发展主要指标水平

冶金钢铁产业平均授权专利 21 件，平均授权发明专利 9 件，平均全年员工培训费用 45 万元，平均新产品产值 1 460 万元，企业内部用于科技活动的非政府经费支付平均为 51 万元，委托外单位开展科技活动的平均经费支出为 4.25 万元，使用来自政府部门的科技活动资金用于企业内部科技活动平均值为 31 万元（见表 6-16）。

表 6-16　冶金钢铁产业创新指标（2014 年）

行业	平均授权专利（件）	平均授权发明专利（件）	平均全年员工培训费用（万元）	平均新产品产值（万元）	企业内部用于科技活动的非政府经费支付平均值（万元）	委托外单位开展科技活动的平均经费支出（万元）	使用来自政府部门的科技活动资金用于企业内部科技活动平均值（万元）
冶金钢铁	21	9	45	1 460	51	4.25	31

6.2.7 装备制造产业

（1）描述性统计

装备制造产业样本企业共 24 家，平均年产值 28 075.81 万元，平均营业收入 16 752.83 万元，其中平均主营业务收入 16 618.25 万元，平均净利润 731.09 万元；平均科技（或技术）活动经费支出 889.15 万元，平均高新技术产品销售收入 12 534 元；平均员工数 181.54 人，其中从事科技活动的员工平均为 49.04 人，从事科技活动员工数占比为 27.01%（见表 6-17）。

表 6-17 装备制造产业描述性统计分析（2014 年）

行业	平均年产值（万元）	平均营业收入（万元）	平均主营业务收入（万元）	平均净利润（万元）	平均科技（或技术）活动经费支出（万元）	平均高新技术产品销售收入（万元）	平均员工数（人）	从事科技活动员工平均数（人）	从事科技活动员工数占比（%）
装备制造	28 075.81	16 752.83	16 618.25	731.09	889.15	12 534	181.54	49.04	27.01

（2）创新发展主要指标水平

装备制造产业平均授权专利 20.38 件，平均授权发明专利 2.29 件，平均全年员工培训费用 56.27 万元，平均新产品产值 12 287.12 万元，企业内部用于科技活动的非政府经费支付平均为 987.02 万元，委托外单位开展科技活动的平均经费支出为 14.22 万元，使用来自政府部门的科技活动资金用于企业内部科技活动平均值为 37.61 万元（见表 6-18）。

表 6-18 装备制造产业创新指标（2014 年）

行业	平均授权专利（件）	平均授权发明专利（件）	平均全年员工培训费用（万元）	平均新产品产值（万元）	企业内部用于科技活动的非政府经费支付平均值（万元）	委托外单位开展科技活动的平均经费支出（万元）	使用来自政府部门的科技活动资金用于企业内部科技活动平均值（万元）
装备制造	20.38	2.29	56.27	12 287.12	987.02	14.22	37.61

6.2.8 新信息技术产业

（1）描述性统计

新信息技术产业样本企业共 8 家，平均年产值 6 613.73 万元，平均营业收入 6 823.54 万元，其中平均主营业务收入 6 816.40 万元，平均净利润 477.09 万元；平均科技（或技术）活动经费支出 507.27 万元，平均高新技术产品销售收入 1 308.28 万元；平均员工数 100.25 人，其中从事科技活动的员工平均为 43 人，从事科技活动员工数占比为 42.89%（见表 6-19）。

表 6-19　　新信息技术产业描述性统计分析（2014 年）

	平均年产值（万元）	平均营业收入（万元）	平均主营业务收入（万元）	平均净利润（万元）	平均科技（或技术）活动经费支出（万元）	平均高新技术产品销售收入（万元）	平均员工数（人）	从事科技活动员工平均数（人）	从事科技活动员工数占比（%）
新信息技术	6 613.73	6 823.54	6 816.40	477.09	507.27	1 308.28	100.25	43	42.89

（2）创新发展主要指标水平

新信息技术产业平均授权专利 4.13 件，平均授权发明专利 0.5 件，平均全年员工培训费用 14.51 万元，平均新产品产值 326.55 万元，企业内部用于科技活动的非政府经费支付平均为 620.97 万元，委托外单位开展科技活动的平均经费支出为 1.69 万元，使用来自政府部门的科技活动资金用于企业内部科技活动平均值为 18.38 万元（见表 6-20）。

表 6-20　　新信息技术产业创新指标（2014 年）

行业	平均授权专利（件）	平均授权发明专利（件）	平均全年员工培训费用（万元）	平均新产品产值（万元）	企业内部用于科技活动的非政府经费支付平均值（万元）	委托外单位开展科技活动的平均经费支出（万元）	使用来自政府部门的科技活动资金用于企业内部科技活动平均值（万元）
新信息技术	4.13	0.5	14.51	326.55	620.97	1.69	18.38

6.2.9 农副产品加工产业

（1）描述性统计

农副产品加工产业样本企业共4家，平均年产值9 393.93万元，平均营业收入6 515.93万元，其中平均主营业务收入6 512.20万元，平均净利润160.38万元；平均科技（或技术）活动经费支出266.50万元，平均高新技术产品销售收入1 487.38万元；平均员工数109.50人，其中从事科技活动的员工平均为16.75人，从事科技活动员工数占比为15.30%（见表6-21）。

表6-21 **农副产品加工产业描述性统计分析（2014年）**

行业	平均年产值（万元）	平均营业收入（万元）	平均主营业务收入（万元）	平均净利润（万元）	平均科技（或技术）活动经费支出（万元）	平均高新技术产品销售收入（万元）	平均员工数（人）	从事科技活动员工平均数（人）	从事科技活动员工数占比（%）
农副产品加工	9 393.93	6 515.93	6 512.20	160.38	266.50	1 487.38	109.50	16.75	15.30

（2）创新发展主要指标水平

农副产品加工产业平均授权专利3.75件，平均授权发明专利2.5件，平均全年员工培训费用20.13万元，平均新产品产值1 569.60万元，企业内部用于科技活动的非政府经费支付平均为322.38万元，委托外单位开展科技活动的平均经费支出为0.50万元，使用来自政府部门的科技活动资金用于企业内部科技活动平均值为5万元（见表6-22）。

表6-22 **农副产品加工产业创新指标（2014年）**

行业	平均授权专利（件）	平均授权发明专利（件）	平均全年员工培训费用（万元）	平均新产品产值（万元）	企业内部用于科技活动的非政府经费支付平均值（万元）	委托外单位开展科技活动的平均经费支出（万元）	使用来自政府部门的科技活动资金用于企业内部科技活动平均值（万元）
农副产品加工	3.75	2.50	20.13	1 569.60	322.38	0.50	5

6.2.10 其他产业

（1）描述性统计

其他产业样本企业共5家，平均年产值17 461.40万元，平均营业收入12 387.87万元，其中平均主营业务收入12 348.17万元，平均净利润541.43万元；平均科技（或技术）活动经费支出974万元，平均高新技术产品销售收入6 048.07万元；平均员工数269.40人，其中从事科技活动的员工平均为56.40人，从事科技活动员工数占比为20.94%（见表6-23）。

表6-23 **其他产业描述性统计分析（2014年）**

行业	平均年产值（万元）	平均营业收入（万元）	平均主营业务收入（万元）	平均净利润（万元）	平均科技（或技术）活动经费支出（万元）	平均高新技术产品销售收入（万元）	平均员工数（人）	从事科技活动员工平均数（人）	从事科技活动员工数占比（%）
其他产业	17 461.40	12 387.87	12 348.17	541.43	974	6 048.07	269.40	56.40	20.94

注：其他产业样本中包含工艺品加工行业、轻工业、生物化工行业、照明灯具制造业、智能电网产业等。

（2）创新发展主要指标水平

其他产业平均授权专利13.40件，平均授权发明专利2件，平均全年员工培训费用76.80万元，平均新产品产值101.33万元，企业内部用于科技活动的非政府经费支付平均为357.89万元，委托外单位开展科技活动的平均经费支出为16.67万元，使用来自政府部门的科技活动资金用于企业内部科技活动平均值为13.33万元（见表6-24）。

表6-24 **其他产业创新指标（2014年）**

行业	平均授权专利（件）	平均授权发明专利（件）	平均全年员工培训费用（万元）	平均新产品产值（万元）	企业内部用于科技活动的非政府经费支付平均值（万元）	委托外单位开展科技活动的平均经费支出（万元）	使用来自政府部门的科技活动资金用于企业内部科技活动平均值（万元）
其他产业	13.40	2	76.80	101.33	357.89	16.67	13.33

7　连云港国家创新型试点城市建设的企业创新评估

7.1　企业总体评估

创新型城市建设水平归根结底是由高新技术企业和主导企业引领的，因此本次调查的 166 家企业，覆盖了连云港全部高新技术企业 140 家，并涵盖连云港 18 家 20 强企业，其中大型企业 11 家，中小型企业 155 家，涉及产业包括新医药、新材料、新能源、石化、冶金、现代物流、新信息技术、农产品加工、海洋生物、其他等产业。

7.1.1　总体评估

（1）基本情况

①企业研发机构大多是企业独自组建。在被调查的企业中，97.67% 的企业设有专门的研发机构，其中大部分是企业独自组建的，

达到 63.1%，与高校、院所合作组建的企业占比为 36.9%，与国外机构合作组建研发机构目前仍处于空白（如图 7-1 所示）。

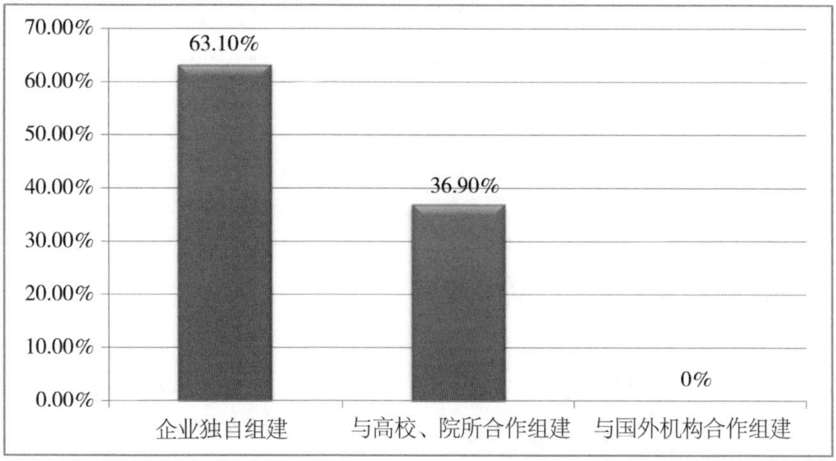

图 7-1　企业研发机构的组织形式

②企业生产的主导产品更多的是对市场产品的模仿和引进国外技术。在被调查的企业中，上述两项占比分别为 53.49% 和 44.17%。集成创新产品，引进、吸收、消化再创新以后产品和自己原始创新产品的企业占比分别为 18.60%、3.49% 和 3.49%（如图 7-2 所示）。

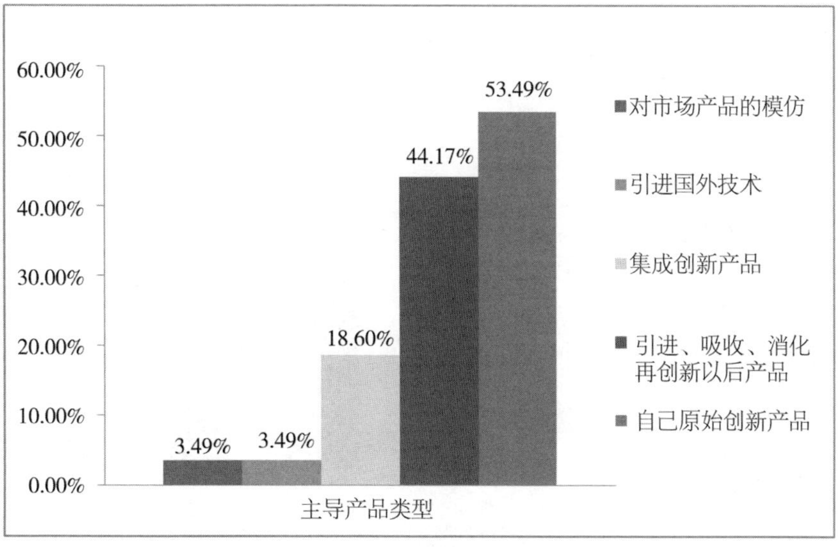

图 7-2　企业生产的主导产品类型

③企业主要技术创新方式更多地依赖企业独立研究开发和与科研机构合作开发。在被调查的企业中，上述两项占比分别达到 77.9% 和 52.33%。购买或引进现成技术成果、委托科研机构开发、与大企业合作开发、与国外机构合作开发的企业占比分别为 13.95%、12.79%、6.97% 和 4.65%（如图 7-3 所示）。

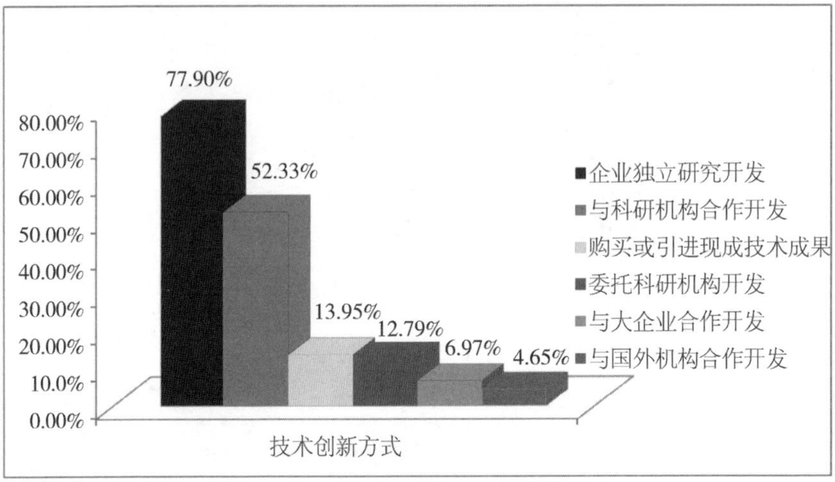

图 7-3　企业的主要技术创新方式

④企业购买的技术成果接近一半来自江苏省内，市内、外省和国外分别为 5.30%、56.58% 和 14.47%，连云港高校、科研院所等创新资源对企业的支撑明显不够（如图 7-4 所示）。

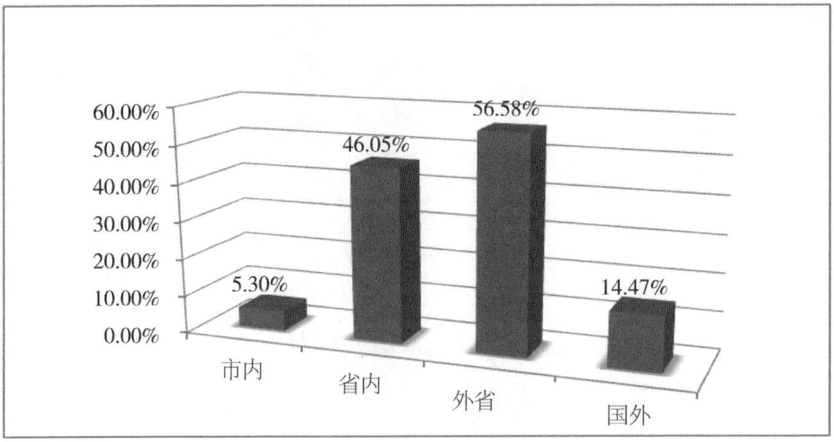

图 7-4　企业购买技术成果的来源地

⑤与国外同行相比，技术方面还有较大提升空间。在被调查的企业中，认为与国外同行的技术差距很大的企业有 2.33%，有一定差距的达 46.51%，差距很小和没有差距的企业合计占 45.35%，国际领先的仅为 5.81%（如图 7-5 所示）。

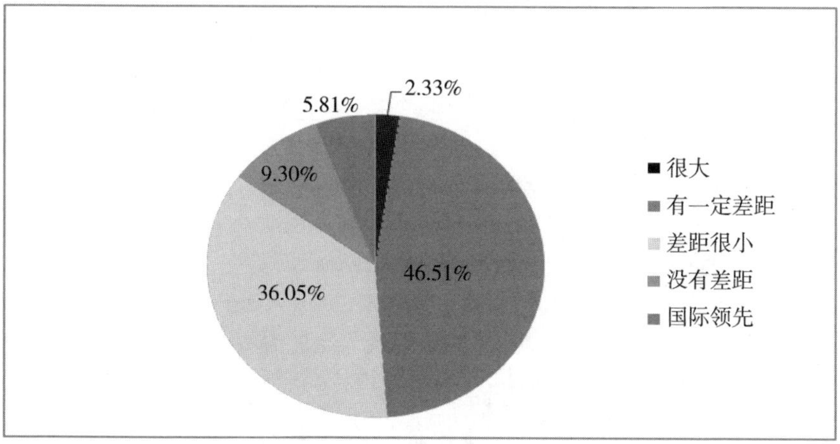

图 7-5　公司与国外同行的技术差距

⑥参加展示会和行业会议成为企业获取国内外技术信息的主要途径。在被调查的企业中，参加展示会和行业会议的企业占比为 63.95% 和 62.79%。被调查企业广泛关注各种展示会，并积极参与行业会议，同时积极关注和开拓各种新途径，如互联网、参观访问、杂志和报纸、科技中介等，占比分别为 33.72%、25.58%、16.28%、11.63% 等（如图 7-6 所示）。

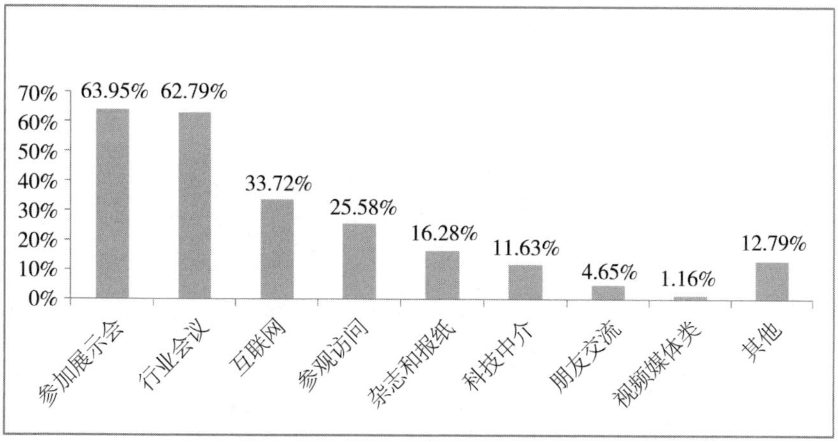

图 7-6　企业获取国内外技术信息的主要途径

⑦企业技术人员来源主要是内部培养和外部引进。在被调查的企业中，上述两项占比分别为 81.40% 和 59.30%。留学归国、学校分配和聘请国内外专家相对较少（如图 7-7 所示）。

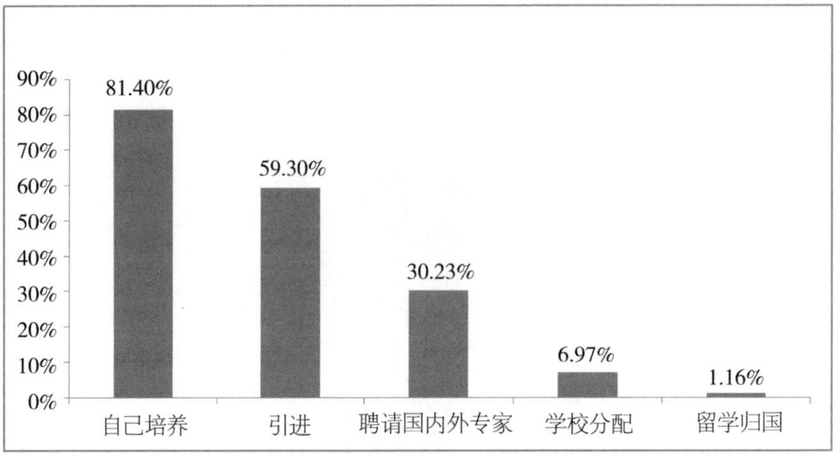

图 7-7 企业技术人员的主要来源

另外，经调研了解到，目前企业有离职倾向的技术人员占 19.43%，可见企业员工的离职倾向性还是比较高的，离职原因主要是薪酬状况和外部环境因素。

从薪酬来看，因为报酬不满意导致有离职念头的员工，占倾向于离职人数的 74.07%，这表明连云港技术人员对企业的薪酬状况不是很满意。我们在“贵企业对研发人员的主要奖励方式”选项调研上可以看出，72.09% 和 56.98% 的企业激励方式集中在岗位工资、一次性项目奖励上，如期权、收益分享、职位晋升等多元化的激励手段较少运用（如图 7-8 所示）。

从外部环境来看，有离职倾向的技术人员中 50.70% 的人认为在目前的公司上班和到外地出行很不便利。连云港日益增加的车辆以及并没有跟上发展步伐的道路交通建设对员工上下班和外出旅行有一定的阻碍。53.52% 的人认为周边地区更好的经济生活环境对自己很有诱惑力，并且约有 53% 的本地和外地人认为在别的地方找到适当职位的可能性很大。这说明他们对连云港的环境还是有一定的满意感的，但是，也要看到有超过一半的人具有广泛的就业机会。78.87% 的外地人表示“如

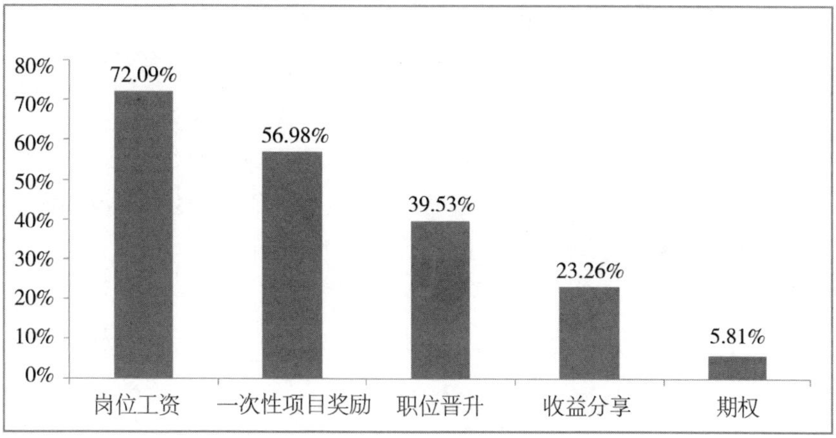

图 7-8 企业对研发人员的主要奖励方式

果现在离职，可以在短期内找到新工作，离职不会对自己造成很大影响”。企业之间的竞争可以说是人才的竞争，这是制造人员流动的一个原因。

总之，无论是访谈还是问卷调查，目前连云港技术人员的离职率整体还是比较高的，而有离职倾向的员工主要在薪酬、工作环境、发展空间以及连云港经济社会发展环境等方面的满意度指数不高。因此，政府和企业未来留住人才和吸引人才的着力点应放在上述方面。

（2）企业自主创新建设情况

①引领国际标准和国家标准的企业基本占到 1/3。在被调查的企业中，上述两项占比分别为 29.07% 和 39.53%（如图 7-9 所示）。

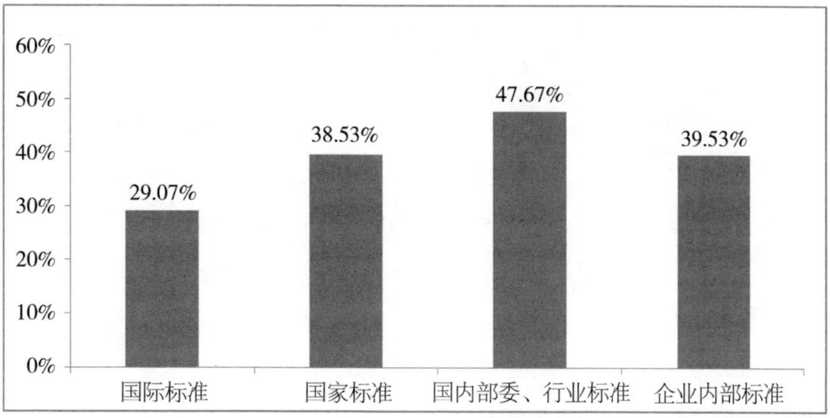

图 7-9 企业的技术标准

②企业立足于自身力量开展技术创新最缺乏的首要因素是人。在被调查的企业中，60.47% 的企业选择的是人，46.51% 和 24.42% 的企业选择的是资金和技术信息，只有 12.63% 的企业选择的是政策和管理。由于连云港地处欠发达地区，特别是与紧邻的苏南、上海相比，连云港处于人才洼地，吸引力太弱，反向虹吸效应使人才大量外流，人才资源短缺仍然是限制地处欠发达地区企业进行自主创新的根本症结（如图 7-10 所示）。

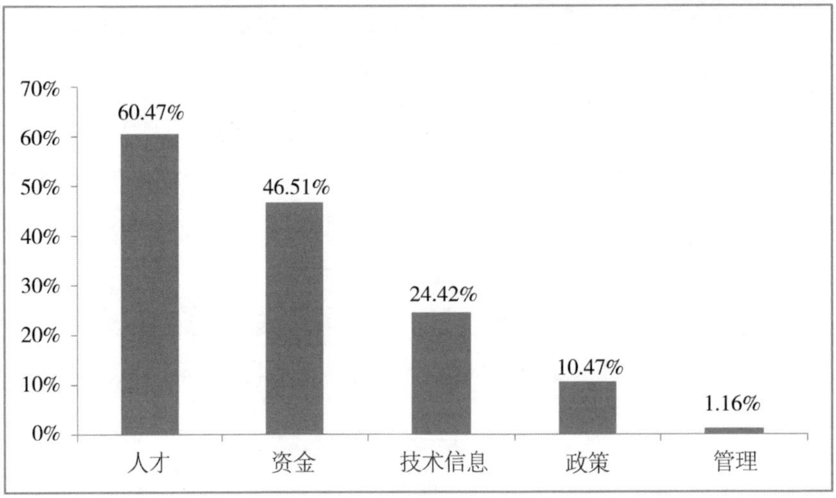

图 7-10 企业立足于自身力量开展技术创新最缺乏的因素

③企业目前反映最需要的技术创新服务为合作研发、技术指导和人才培训，三项占比分别为 56.98%、44.19% 和 39.53%。经访谈发现，很多企业表示有时会有很好的想法或捕捉到市场发展新趋势、新动态，但苦于缺乏技术指导，且由于自身人力资本短缺，合作信息的不对称，致使很多想法和项目流失。另外，长期以来，高校、科研院所、企业信息不对称，科技成果转化缺乏通路。企业表示如果能够为需求双方搭建起“永不落幕”的转化平台，将很有可能破解科技成果转化难题（如图 7-11 所示）。

④省、市内大学主要为企业提供了科技咨询，试验、测试，人才的技术创新支持。在被调查的企业中，以上三项占比为 55.81%、46.51% 和 39.53%。大学科技成果转让相对较少，表明当今大学更注重学术研

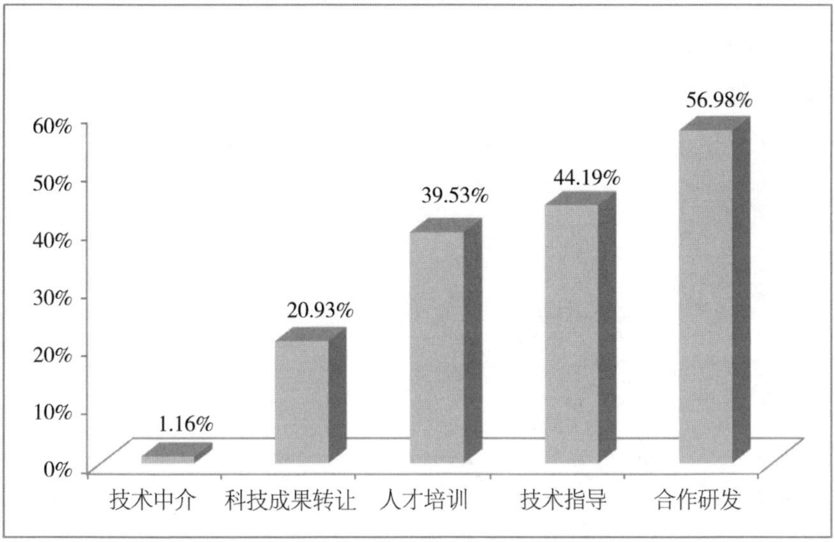

图 7-11 企业最需要的技术创新服务

究，服务经济社会发展能力相对较弱。经访谈，很多企业表示连云港市内的大学并没有发挥其智囊团优势，对企业的技术创新没有太大支持，占比达到 9.30%（如图 7-12 所示）。

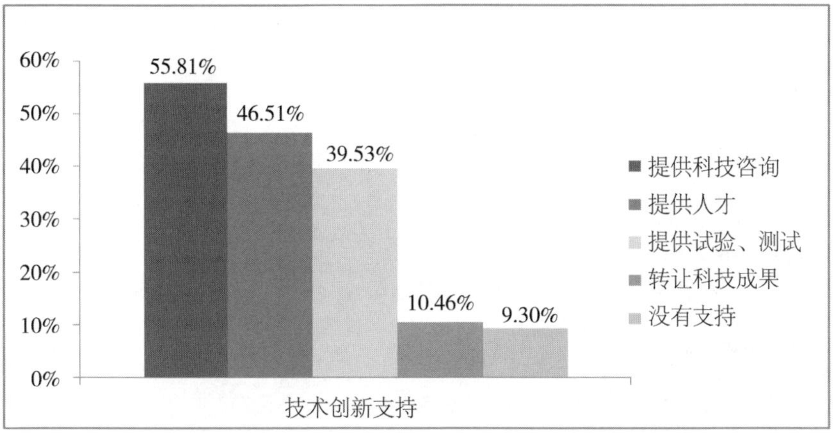

图 7-12 省、市内大学为企业提供的技术创新支持

⑤省、市内科研机构及科技服务中介在企业自主创新中作用不大。其中，认为作用非常大的企业仅占 5.82%，较大的占 31.40%，一般的达到 47.67%。特别是对连云港市内的科研机构及科技服务中介，很多

企业认为作用较小或非常小（如图 7-13 所示）。

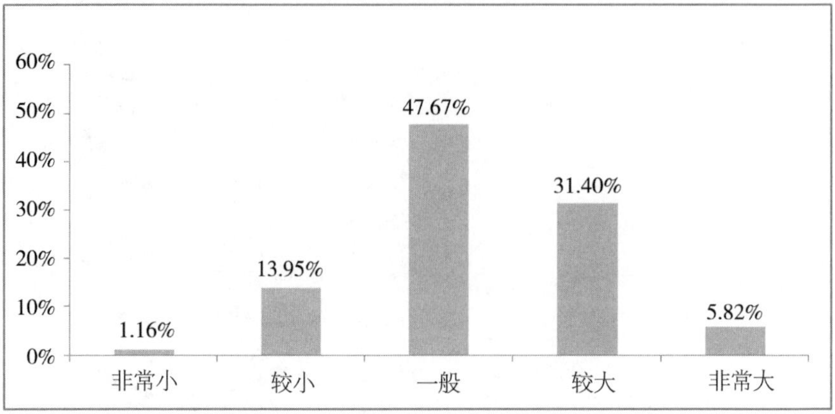

图 7-13 省、市内科研机构及科技服务中介在企业自主创新中发挥的作用

⑥企业自主创新管理经验总体较好，进入良性发展轨道。如在创新文化上认为比较强和非常强的企业占到 65.12%，在对外技术合作上比较充分和非常充分的企业占比为 51.16%，在企业内部创新机制上比较协调以上的企业达到 87.21%（如图 7-14、图 7-15、图 7-16 所示）。

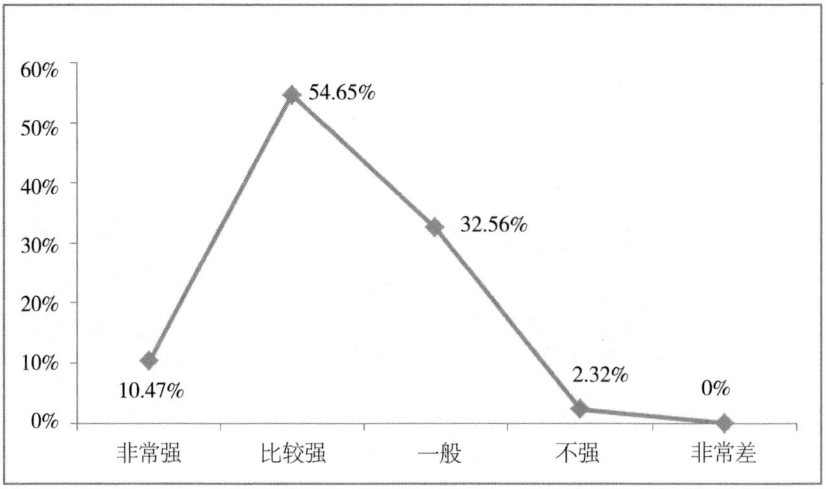

图 7-14 企业创新型文化

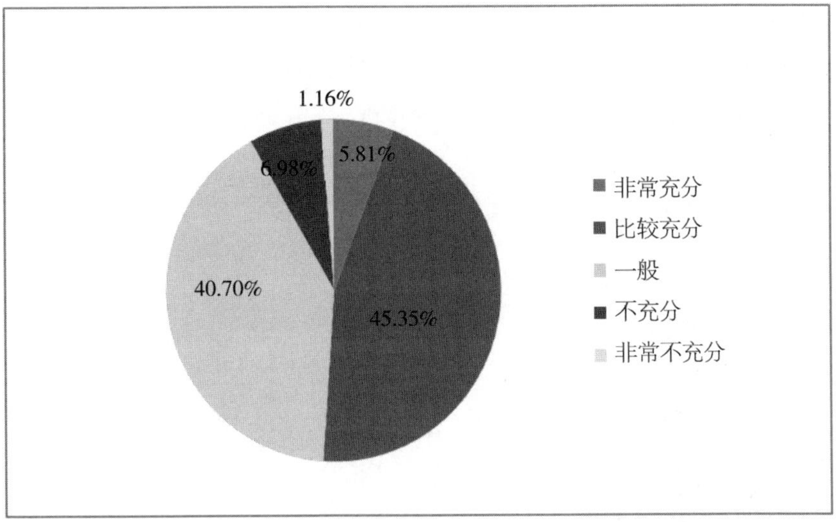

图 7-15 企业对外技术合作

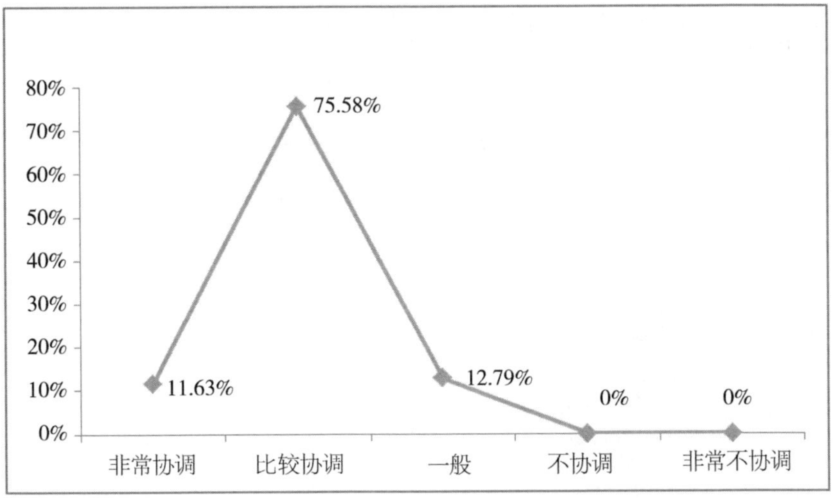

图 7-16 企业内部创新机制

（3）企业自主创新影响因素情况

①从阻碍企业自主创新的因素来看。经调研发现，内部因素主要集中在缺乏高素质技术人才队伍、资金投入不足、缺乏创新意识和内部激励制度不完善四个方面，占比均在 1/4 以上（如图 7-17 所示）；外部因素主要集中在技术人员留不住、技术市场不健全、缺乏技术支持、政府支持不力四个方面，占比均在 1/4 以上（如图 7-18 所示），特别是技术

人员留不住和技术市场不健全达到了 60.47% 和 44.19%。此外，在政府支持不力上，21% 的企业认为影响企业自主创新的政府方面原因是办事效率低，也有企业反映是政出多门、办事不公开、公正和投入不够等。

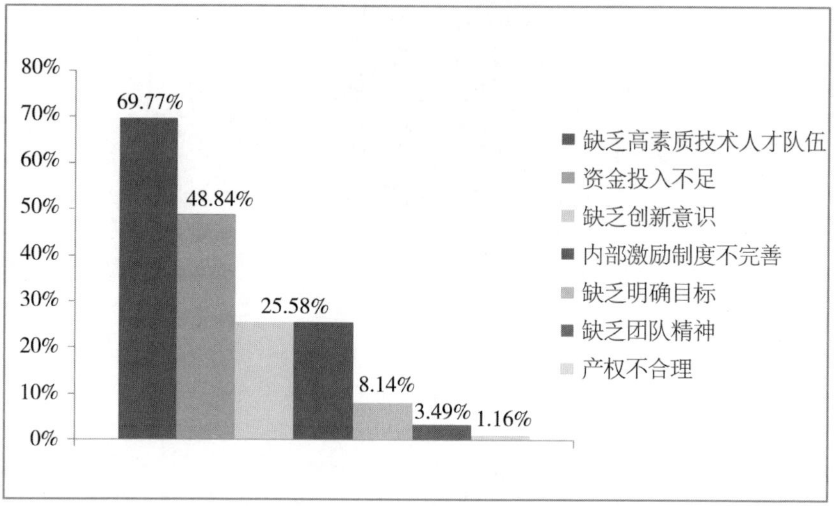

图 7-17　阻碍企业自主创新的主要内部因素

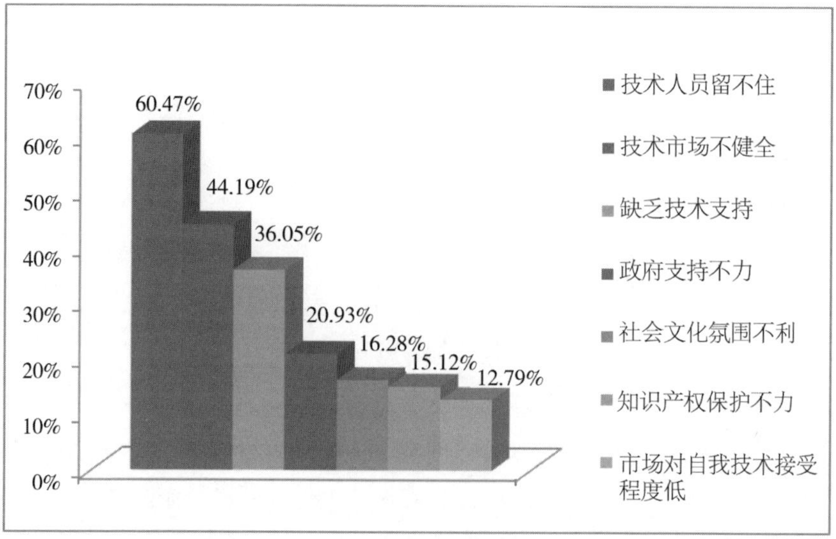

图 7-18　阻碍企业自主创新的主要外部因素

②企业短视性较强，追求近期效益，不愿意开展周期较长的自主创

新活动。在调查的企业中，认为周期太长的占 76.74%，风险太大的占 56.98%，技术水平低的占 22.09%，国外引进见效快的占 17.44%，管理太难的占 10.47%（如图 7-19 所示）。

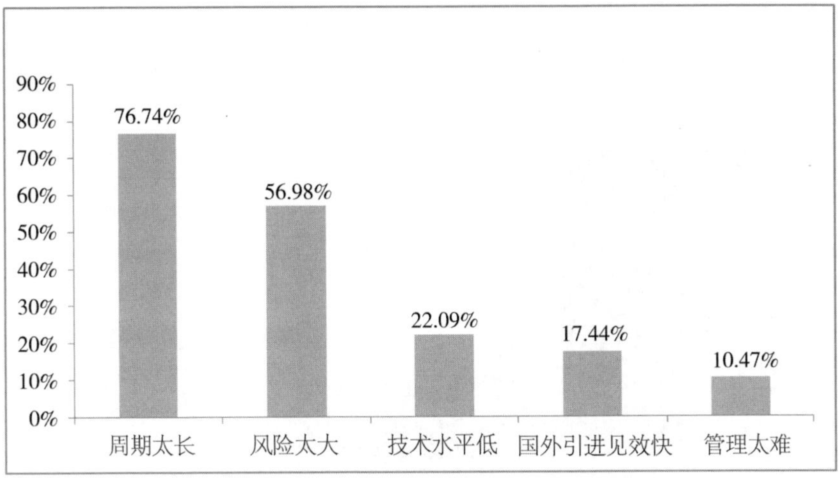

图 7-19 企业不愿开展自主创新情况

③政府在提高企业自主创新能力上应重点发挥设立科技孵化器、帮助引进人才、提供科技信息服务、开展产学研合作等四个方面的作用。在被调查的企业中，上述四项占比分别为 58.14%、47.67%、43.02% 和 41.86%（如图 7-20 所示）。

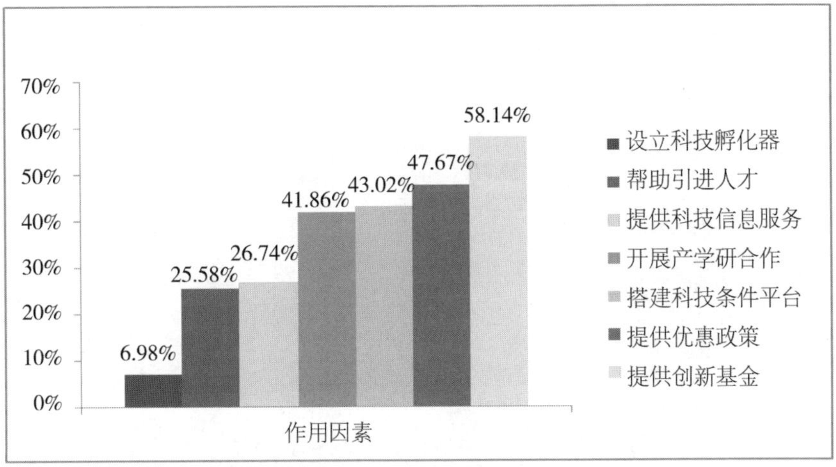

图 7-20 政府提高企业自主创新能力上应发挥的作用

④企业开展自主创新活动最希望政府做税收减免、专项支持（贷款贴息、低息贷款、财政专项支持等）工作，比例高达 89.53% 和 80.23%（如图 7-21 所示）。

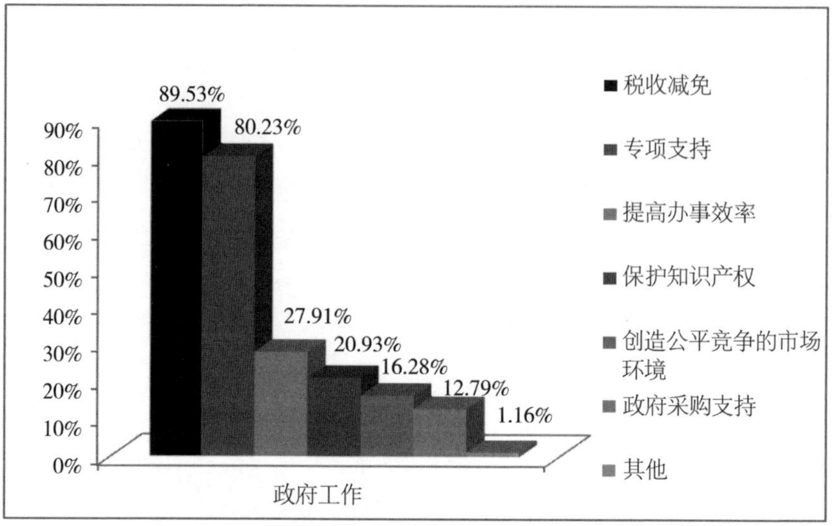

图 7-21 企业开展自主创新活动最希望政府做的工作

⑤市场方面影响企业自主创新的原因主要有四个，其中认为市场信息不充分的企业占比为 44.19%，不正当竞争的占 33.72%，市场秩序不良的占 32.56%，市场竞争不充分的占 10.46%（如图 7-22 所示）。

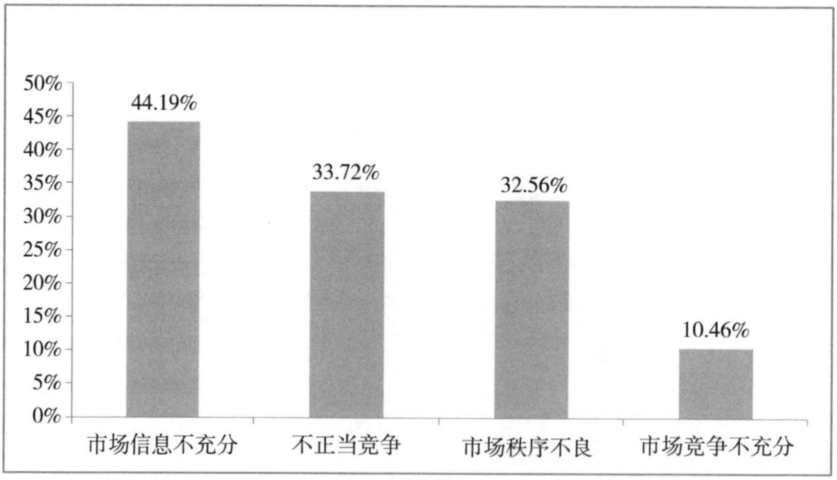

图 7-22 市场方面影响企业自主创新的原因

⑥政府方面影响企业自主创新的原因主要是投入不够和办事效率低。在被调查的企业中，前者高达63.95%，后者为30.23%（如图7-23所示）。

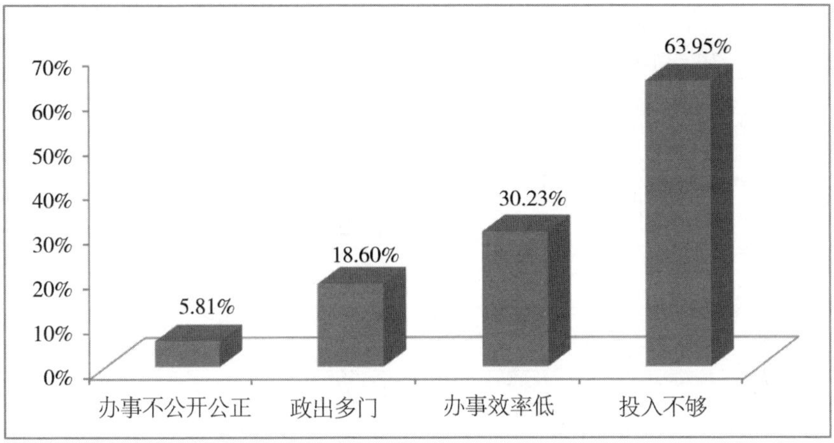

图7-23　政府方面影响企业自主创新的原因

7.1.2　20强高新技术企业的创新发展效率评估

企业效益不均衡有多种原因，如发展时间有先后，自然环境和资源条件不同，社会、经济发展水平有很大差异等。除上述外部条件外，经济效益差异还取决于系统内部的投入产出效率。企业的发展是有风险的，即高投入不一定有高产出，特别是高新技术企业是一个多投入、多产出的微观经济系统，投入风险比一般企业大，且企业产出的高低一方面取决于投入的数量和质量，另一方面取决于投入产出的效率。在投入量相对固定的情况下，投入产出的效率，也可以说是企业运行的效率就是决定企业经济效益的关键因素。

课题组采用DEA方法，对连云港20强高新技术企业按效率进行比较评价，从而衡量“十二五”期间连云港高新技术领军企业的创新发展效率情况，为全面了解区域高新技术企业运营状况提供参考。其中，将20家企业作为决策单元（DMU_j）；将企业年末从业人员数（X_1）、科技（或技术）活动人员数（X_2）、年末固定资产净值（X_3）、科技（或技术）活动经费支出（X_4）和全年员工培训费用（X_5）作为输（投）入指标；

将企业总产值（Y_1）、增加值（Y_2）、高新技术产品收入（Y_3）作为输（产）出指标。通过 DEAP2.1 软件，得到统计结果（见表 7-1）。

表7-1　连云港20强高新技术企业DEA模型效率运算结果

	DMU	综合效率		技术效率		规模效率	
		2012年	2014年	2012年	2014年	2012年	2014年
1	江苏恒瑞医药股份有限公司	1	1	1	1	1	1
2	罗盖特（中国）精细化工有限公司	0.721	1	1	1	0.721	1
3	益海（连云港）油化工业有限公司	1	0.403	1	0.5	1	0.806
4	大陆汽车电子（连云港）有限公司	0.455	1	1	1	0.45	1
5	江苏豪森药业股份有限公司	0.911	1	1	1	0.911	1
6	韩华新能源科技有限公司	0.981	0.587	1	1	0.981	0.587
7	江苏康缘集团有限责任公司	1	1	1	1	1	1
8	沙索益海（连云港）醇工业有限公司	0.793	1	0.816	1	0.971	1
9	江苏正大天晴药业股份有限公司	1	1	1	1	1	1
10	重山风力设备（连云港）有限公司	0.328	0.536	0.455	0.717	0.719	0.748
11	江苏金茂源生物化工有限责任公司	0.315	0.833	0.569	1	0.554	0.833
12	连云港神舟新能源有限公司	0.583	1	0.667	1	0.874	1
13	连云港市兆昱新材料实业有限公司	0.488	0.676	0.56	1	0.872	0.676
14	连云港中复连众复合材料集团公司	0.793	1	0.816	1	0.971	1
15	连云港健发磁性材料有限公司	0.488	0.676	0.56	1	0.872	0.676
16	江苏华尔化工有限公司	0.334	0.803	0.566	1	0.414	0.803
17	连云港润众制药有限公司	1	0.725	1	1	1	0.725
18	中复神鹰碳纤维有限责任公司	0.494	0.774	0.825	0.797	0.598	0.971
19	江苏德源药业有限公司	0.784	1	0.831	1	0.944	1
20	日出东方太阳能股份有限公司	0.405	0.509	0.535	0.907	0.702	0.862
平均		0.693	0.826	0.81	0.946	0.827	0.884

表 7-1 显示，在综合效率上，2012 年有效的共有 5 家，2014 年则上升为 10 家，2012 年的平均值为 0.693，2014 则上升至 0.826；在技术效率上，2012 年有效的共有 9 家，2014 年则上升为 16 家，2012 年的平均值为 0.81，2014 年则上升至 0.946；在规模效率上，2012 年有效的共有 5 家，2014 年则上升至 10 家，2012 年的平均值为 0.827，2014 年则上升至 0.884。这反映出 2012—2014 年连云港 20 强高新技术企业创新发展整体绩效水平有较大程度的提升。

7.2 典型产业中的企业评估

课题组对企业创新能力评估选取了新医药和新材料产业中的企业作为研究对象，进行创新能力评估。新医药和新材料产业作为连云港“三新一高”的主导产业和战略产业，在全市创新发展中走在了前列，其企业创新发展相关经验值得借鉴。

7.2.1 新医药企业的创新能力评估

本部分旨在对连云港新医药企业创新发展情况进行定量与定性评价，目的在于通过综合指数水平和创新发展实践全方位地正确评估新医药企业创新发展水平，找出优势和不足，加强企业创新能力培育，促进自主创新工作的落实，具体按照综合指数、创新效率、分项指数、具体情况以及典型案例展开评估分析。

（1）评估企业

本次评估新医药企业 26 家，占连云港规模以上企业的 48%，其中涵盖了恒瑞、康缘、豪森、正大天晴、润众、德源等主要新医药企业，调研数据截至 2016 年。目前，连云港新医药产业布局基本情况见表 7-2。

表7-2 **连云港新医药产业布局基本情况**

区域	企业名称
东海县	连云港市好迪化工有限公司、连云港纽泰科化工有限公司、江苏春晓医药化工科技有限公司、连云港欣港化工有限公司、连云港永润化工有限公司、连云港华宇海藻助剂有限公司、连云港宁康化工有限公司、江苏宝盛龙城药业有限公司、连云港丹兴化工有限公司、连云港市新龙珠化工厂、连云港市金帅医药化工有限公司、连云港国鑫食用菌成套设备有限公司
赣榆区	连云港丰泰海藻有限公司、连云港金康医药科技有限公司、连云港康乐药业有限公司、连云港康力特药业有限公司、连云港隆源海藻有限公司、连云港瑞邦药业有限公司、连云港盛和生物科技有限公司、连云港顺德生物工程有限公司、连云港嘉康实业有限公司、江苏科润达化学有限公司、江苏军盛化工有限公司、连云港派力生物科技有限公司
灌云县	连云港昌恒化工有限公司 、连云港鸿翔化工有限公司、倍合德华强（连云港）医药化工科技有限公司、连云港恒运医药科技有限公司、连云港市华邦化工研究所有限公司、连云港华翔医药科技有限公司、连云港金磊源化工有限公司、连云港凯美克医药化学有限公司、灌云大洋制肼有限责任公司、灌云瑞邦化工有限公司
开发区	江苏恒瑞医药股份有限公司、江苏康缘药业股份有限公司、江苏豪森药业集团有限公司、正大天晴药业集团股份有限公司 、连云港润众制药有限公司、江苏澳新生物工程有限公司、江苏德源药业股份有限公司、连云港贵科药业有限公司、江苏宇田医药有限公司、江苏暨明医药科技有限公司
连云区	连云港环宇海藻助剂有限公司、达柯拉海藻工业（连云港）有限公司、连云港德方海洋化工有限公司、连云港天天海藻工业有限公司、连云港恒飞制药有限公司、连云港腾宏科技化工有限公司、连云港蒙升泰化工有限公司、江苏力达宁化工有限公司、江苏福邦药业有限公司、连云港市百顺医疗用品有限公司

（2）综合指数评估

经测度，连云港新医药企业创新能力排名前四的为恒瑞、天晴、豪森、康缘，综合指数分别为84.54、83.16、81.03和78.99，其他企业的综合指数见表7-3。

表7-3　**连云港新医药企业创新能力综合指数**

企业名称	综合指数	排名
江苏恒瑞医药股份有限公司	84.54	1
正大天晴药业集团股份有限公司	83.16	2
江苏豪森药业集团有限公司	81.03	3
江苏康缘药业股份有限公司	78.99	4
连云港润众制药有限公司	73.72	5
江苏澳新生物工程有限公司	72.41	6
连云港康乐药业有限公司	71.44	7
连云港瑞邦药业有限公司	71.28	8
江苏暨明医药科技有限公司	71.02	9
连云港贵科药业有限公司	70.15	10
江苏德源药业股份有限公司	69.62	11
连云港恒运医药科技有限公司	69.61	12
连云港丰泰海藻有限公司	69.53	13
连云港盛和生物科技有限公司	69.43	14
连云港顺德生物工程有限公司	69.39	15
连云港康力特药业有限公司	68.50	16
连云港金康医药科技有限公司	68.42	17
连云港市华邦化工研究所有限公司	67.91	18
连云港隆源海藻有限公司	67.71	19
连云港昌恒化工有限公司	67.35	20
江苏宇田医药有限公司	67.26	21
连云港凯美克医药化学有限公司	67.14	22
连云港鸿翔化工有限公司	66.88	23
连云港华翔医药科技有限公司	66.29	24
连云港金磊源化工有限公司	65.77	25
倍合德华强（连云港）医药化工科技有限公司	64.96	26

为了进一步确定各企业的相对位置，运用 SPSS20.0 统计软件的平均连接（组内）法对连云港新医药企业的综合得分进行聚类分析，聚类图如图 7-24 所示。

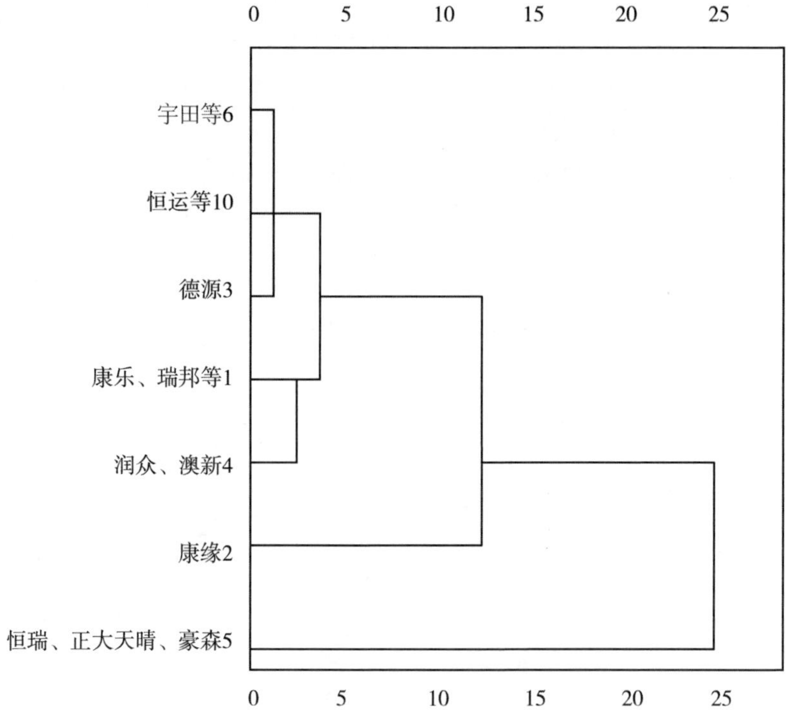

图 7-24 连云港新医药企业创新能力聚类图

根据树形聚类图，将连云港各区域企业研发机构竞争力分为 3 个类别：

①强：恒瑞、正大天晴、豪森、康缘；

②较强：润众、澳新、康乐、瑞邦、暨明、贵科、德源；

③一般：恒运、丰泰海藻、盛和、顺德、康力特、金康、华邦化工、隆源海藻、昌恒、宇田、凯美克等。

第一类“强”，该类别所包含的企业在全国新医药产业中有着明显优势，其创新能力水平也较高，形成了创新发展的良性循环局面。

第二类“较强”，该类别所包含的企业在不同指标方面都有各自的优势所在，同时也存在各自的劣势。在这种情况下，要注重对研发投入、人才和政府优惠政策的运用，同时积极引进国内外先进技术，实现自主创新，以提升本身的竞争力。

第三类“一般”，该类别所包含的企业较之前面企业创新能力相对薄弱，被列入连云港新医药产业中创新能力有待大力提升的企业，其研发机构的规模较小，研发与创新水平较低。这些企业更需要加大研发投入，培养研发人才的技术创新能力，从而推动企业创新能力的不断提高。

综上所述，连云港新医药产业创新能力处于“四大药企遥遥领先，其他企业奋力追赶”的发展阶段。根据企业创新能力的高低形成的三个等级之间跨度较大，表明各个企业的创新能力差异显著，优势创新能力集中于四大药企，导致新医药产业创新能力发展不平衡。虽然四大药企起到很好的示范带动作用，但由于其他医药企业在发展态势、人才激励等方面的劣势，不利于连云港新医药产业整体发展。

（3）创新效率评估

为了进一步分析连云港新医药企业创新能力现状，课题组运用DEA方法对综合指数前10名企业进行创新效率分析。DEA方法可以表示多项输入与输出的“部门”（或“单位”）之间的相对有效性。在DEA方法中，称“部门”（或“单位”）为决策单元，简记为“DUM”。DEA方法包括静态模型和动态模型，前者可以考查DUM的技术是否有效，后者在前者肯定的基础之上，探究技术有效性变化的具体原因，如果将这两种模型结合起来，能够更加全面、准确地对DUM效率进行评价。

①DEA静态分析

根据DEA静态分析结果，连云港创新能力前11名新医药企业中，在综合效率上，2015年有效的共有4家，2016年则上升为5家，2015年的平均值为0.85，2016则上升至0.89；在技术效率上，2015年有效的共有6家，2016年则上升为8家，2015年的平均值为0.92，2016年则上升至0.96；在规模效率上，2015年有效的共有4家，2016年则上升至5家，2015年的平均值为0.90，2016年则上升至0.92。表7-4反映出 2015—2016 年连云港创新能力前 11 名新医药企业创新发展整体绩效水平有较大程度的提升。

表7-4　连云港创新能力前11名新医药企业创新效率分析结果

行业	DMU	综合效率		技术效率		规模效率	
		2015年	2016年	2015年	2016年	2015年	2016年
润众	0	0.92	1	1	1	0.92	1
澳新生物	1	0.82	0.91	0.81	0.88	0.84	0.92
恒瑞	2	1	1	1	1	1	1
暨明医药	3	0.67	0.72	0.76	0.77	0.88	0.95
贵科	4	0.68	0.71	0.73	1	0.93	0.71
豪森	5	1	1	1	1	1	1
康乐	6	0.79	0.90	0.81	0.88	0.79	0.92
天晴	7	1	1	1	1	1	1
瑞邦	8	0.86	0.97	0.98	1	0.88	0.97
康缘	9	1	1	1	1	1	1
德源	x	0.66	0.63	1	1	0.66	0.63
	平均值	0.85	0.89	0.92	0.96	0.90	0.92

②DEA 动态分析

根据 DEA 动态分析结果，2015—2016 年连云港新医药企业创新效率呈现良好的上升趋势。在此期间，ECH（技术效率变动指数）＞1 的企业有 5 家，TCH（技术进步指数）＞1 的企业有 10 家，占比分别为 45.45% 和 90.9%；从平均值来看，2015—2016 年连云港新医药企业整体呈现年均 16.6% 的增长趋势，其中年均 29% 的技术进步增长率是引致 TFP（全要素生产率）增长的主要动力，但年均 10.1% 的技术效率下降幅度则延缓了 TFP 的增长。进一步对恒瑞、天晴、豪森、康缘等领军企业进行分析，ECH 和 TCH 均大于 1，可见这些企业在促进连云港新医药产业创新效率的提升方面发挥了重要作用。

（4）分项指数评估

新医药企业创新能力由创新投入能力、创新研发能力、创新产出能力、创新管理能力、创新市场能力、企业家创新精神等 6 个分项指数组成，各企业分项创新指数情况见表 7-5。

表7-5　　　　**连云港新医药企业创新能力分项指数情况**

企业名称	创新投入能力	创新研发能力	创新产出能力	创新管理能力	创新市场能力	企业家创新精神
江苏恒瑞医药股份有限公司	89.09	84.78	72.02	81.43	84.90	95.30
江苏康缘药业股份有限公司	73.51	80.76	70.66	80.59	65.20	91.49
江苏豪森药业集团有限公司	78.76	76.83	73.43	80.56	84.83	92.76
正大天晴药业集团股份有限公司	90.68	96.53	79.50	79.23	67.86	83.86
连云港润众制药有限公司	76.41	79.72	71.11	76.90	62.37	74.97
江苏澳新生物工程有限公司	68.06	76.87	64.03	75.39	71.71	78.78
江苏德源药业股份有限公司	67.42	64.89	61.99	75.47	67.08	81.32
连云港贵科药业有限公司	67.25	76.52	64.66	67.22	61.90	83.86
江苏宇田医药有限公司	67.16	64.33	59.26	70.72	61.12	81.32
江苏暨明医药科技有限公司	65.04	66.44	61.69	75.83	66.79	91.49
连云港丰泰海藻有限公司	65.16	67.01	59.19	79.49	62.89	83.86
连云港金康医药科技有限公司	70.62	64.73	64.68	73.86	63.92	72.43
连云港康乐药业有限公司	66.73	77.88	59.63	76.95	63.83	83.86
连云港康力特药业有限公司	67.20	68.73	72.68	67.66	62.40	72.43
连云港隆源海藻有限公司	64.26	67.93	60.44	74.60	61.74	77.51
连云港瑞邦药业有限公司	67.83	79.49	60.55	74.69	61.42	83.86
连云港盛和生物科技有限公司	66.91	64.13	61.05	74.88	61.34	88.95
连云港顺德生物工程有限公司	63.79	64.04	59.70	78.83	61.81	88.95
连云港昌恒化工有限公司	62.56	65.82	60.76	68.35	71.33	76.24
连云港鸿翔化工有限公司	63.00	64.37	61.28	73.28	62.23	77.51
倍合德华强（连云港）医药化工科技有限公司	62.01	63.99	63.34	63.79	69.91	67.34

续表

企业名称	创新投入能力	创新研发能力	创新产出能力	创新管理能力	创新市场能力	企业家创新精神
连云港恒运医药科技有限公司	69.89	65.96	60.06	73.03	62.74	86.40
连云港市华邦化工研究所有限公司	61.90	64.80	60.19	69.91	62.99	88.95
连云港华翔医药科技有限公司	62.80	64.17	61.23	63.00	63.86	83.86
连云港金磊源化工有限公司	60.96	64.17	59.65	67.01	63.72	80.05
连云港凯美克医药化学有限公司	65.08	64.05	59.63	69.48	66.49	78.78

由表 7-5 可知，四大药企在创新能力投入、创新研发能力等方面均处于连云港新医药行业中的前列，但是康缘、天晴在创新市场能力上与其他能力相比较弱；除倍合德华强（连云港）医药化工科技有限公司外，调研企业的企业家创新精神指数得分较高，说明连云港新医药行业管理者的创新意识整体较强。

为了进一步对连云港新医药企业展开类别分析，利用 SPSS20.0 对样本数据 39 个指标的 26 家样本单位原始数据矩阵选择 KMO 检验和 Bartlett 球形检验，KMO 值和 Bartlett 检验显著性水平适合因子分析，并建立因子分析模型。由于综合指数与 6 个主因子成不完全正相关，所以综合指数得分高的，各项因子得分不一定高，因此各主因子的得分及综合指数得分排名情况在很大程度上能够反映出样本的优势与不足。根据各分项得分排名结果及其相对影响方差，课题组将连云港新医药企业创新能力划分为以下几种主要类型：

①综合实力型。这种类型的企业 6 个主因子和综合得分都大于 1，代表企业为江苏恒瑞医药股份有限公司、江苏豪森药业股份有限公司。这类企业的创新投入、创新研发、创新管理等都很高，而且创新产出效率也高，对当地的新医药产业创新起到引领和带动作用，其应当进一步通过创新高端化和国际化等多种形式，塑造具有全球影响力的创新型企业。

②主体实力型。这类企业综合得分为正值，创新投入、创新研发、创新管理、企业家创新精神等主因子的得分大于 1 且显著高于其他 2 个

主因子得分，代表企业为江苏康缘药业股份有限公司、正大天晴药业集团股份有限公司等。这类企业创新主体具有较强的研发实力，企业的创新能力在连云港新医药产业中均属于第一方阵，但是其创新市场能力和创新产出能力与主体实力并不匹配，以它们的主体实力不应该仅达到现有水平。这类企业需要加强外部市场开拓，特别是全球市场开拓，尽可能地提高创新产出量。

③综合潜力型。这类企业 6 个主因子得分都为正值，但它们得分并不一致，有高有低，有的大于 1，有的小于 1，综合得分排名也在前 15 位之内，在某个主因子上有较大提升空间，通过对低得分主因子的优化改善，可以提高其综合实力，从而向第二类主体实力型企业看齐，因此命名为综合潜力型。该类企业有连云港润众制药有限公司、江苏澳新生物工程有限公司、江苏德源药业股份有限公司、连云港贵科药业有限公司、连云港康乐药业有限公司、连云港瑞邦药业有限公司等。

④创新积累型。这类企业 6 个主因子得分为正值，但大部分主因子得分小于 1，仅个别企业 1 个主因子得分大于 1，综合得分排名基本靠后，因此，企业创新能力在各个方面均有较大提升空间，需要一定的创新积累和全面发展才能对各个主因子进行优化改善。该类企业在连云港新医药产业中的比例最大，包括连云港盛和生物科技有限公司、连云港康力特药业有限公司等。

（5）具体评估

①企业创新基本情况

根据调查统计结果，88% 的新医药企业设有专门的研发机构，说明连云港新医药企业研发机构水平整体较高。其中，84% 的企业将研发机构设在企业内部，16% 的企业将研发机构设在大学、科研院所和国外，进一步表明企业重视自主创新能力。另外，46% 的企业在生产主导产品时使用的是自己原始创新方法，使用集成创新方法的企业相对较少，仅占 3.8%；在企业主要创新技术方式中，独立研究开发占较大比重，达到 65.38%，委托科研机构开发和与国外研发机构合作开发所占比重最小，进一步表明连云港新医药企业自主创新能力较强。

从企业在研项目情况来看，有 38.5% 的企业是对现有产品改进，46.2% 的企业投产未来两年内的新产品，53.9% 的企业在研发未来 3～5 年内的新产品，新医药产业整体产品创新发展比较均衡。

企业获取国内外技术信息的主要途径情况如图 7-25 所示。由图 7-25 可知，新医药企业更愿意通过参加各类展示会和行业会议的方式获取技术信息，传统形式如杂志和报纸的使用率较低。

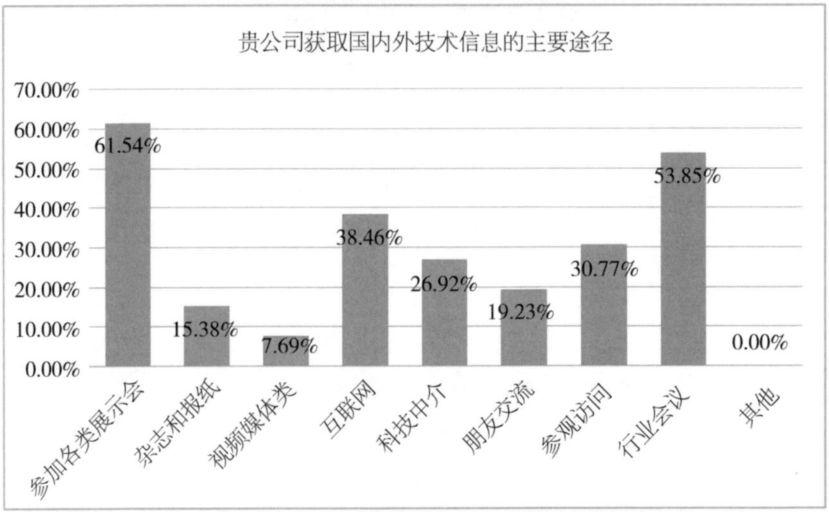

图 7-25 企业获取国内外技术信息的主要途径

在技术人员的获取方式上，65.3% 的企业采用自己培养的方式，说明连云港对外地人才的吸附作用不强。另外，在进行企业创新活动时，77% 的企业没有进行融资，进行融资的企业累计融资 13 825 万元，说明新医药企业整体资本运作能力有待提高。

②企业创新结果情况

康缘、恒瑞、豪森、正大天晴四大药企在专利的申请、授权、购买及使用上占据主导地位（见表 7-6），其他企业知识产权管理能力相对较弱。例如，澳新生物工程有限公司在四大药企外的新医药企业中相对较好，专利总数达 12 件，但也仅占恒瑞医药专利总数的 4.8%，说明连云港新医药企业在创新成果上主要依靠四大药企，其他企业创新产出太低，创新效率不高。

表7-6　**四大药企创新绩效与成果**

		恒瑞	康缘	豪森	正大天晴
专利申请	总数	247	233	202	168
	其中，发明专利	247	218	202	142
专利授权	总数	48	62	43	96
	其中，发明专利	48	41	43	87
PCT专利申请	总数	154	12	70	36
	国际PCT专利授权	80	4	19	12
购买专利	总数	1			3
	其中，发明专利	1			3
使用专利数量	总数		225	83	68
	其中，发明专利		196	83	68
	其中，国外发明专利		10	37	2

③企业技术创新自主性与外部依存度情况

根据调查统计结果，62% 的企业认为开展技术创新最缺乏的因素是人才，而管理因素影响度最低，说明当前企业急需创新型人才，具体情况如图 7-26 所示。

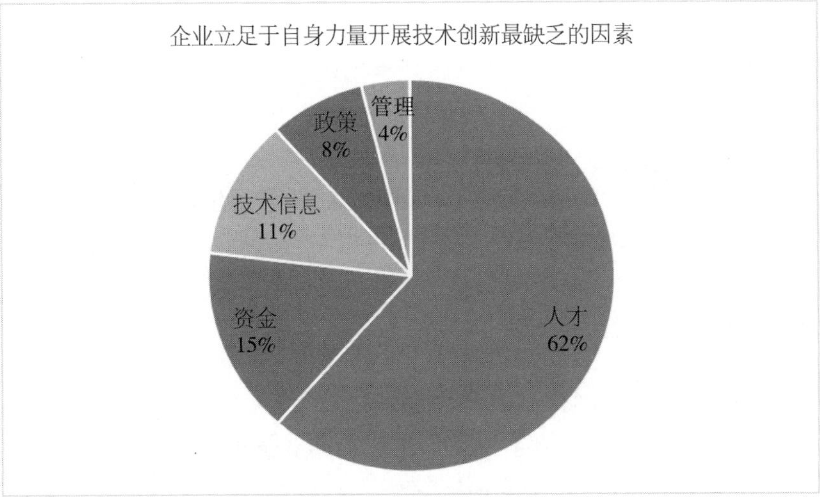

图7-26　企业立足于自身力量开展技术创新最缺乏的因素

在企业认为最需要的技术服务中，29% 的企业需要技术指导，27% 的企业需要合作研发，两者达到 56%，表明企业在创新能力培育中需要外部力量（如图 7-27 所示）。

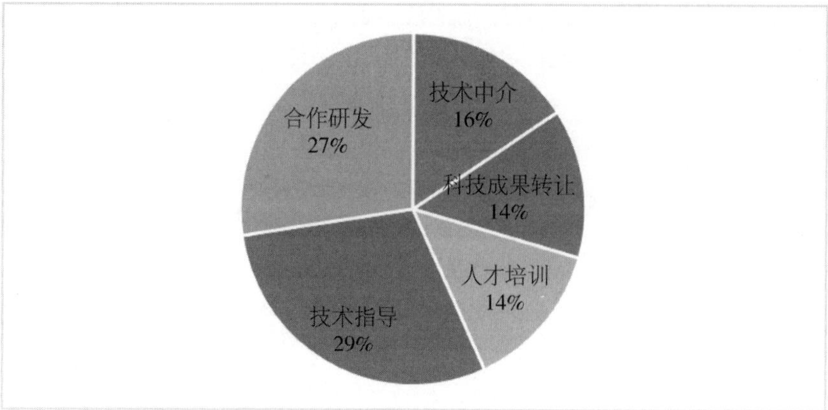

图 7-27 企业最需要的技术服务

④企业自主创新经验情况

61.54% 的企业认为自主研发的科技成果转化效果最好，只有 1 家企业认为国外引进的技术转化效果好，充分表明连云港新医药企业自主创新理念较强，且自主创新成效明显（如图 7-28 所示）。

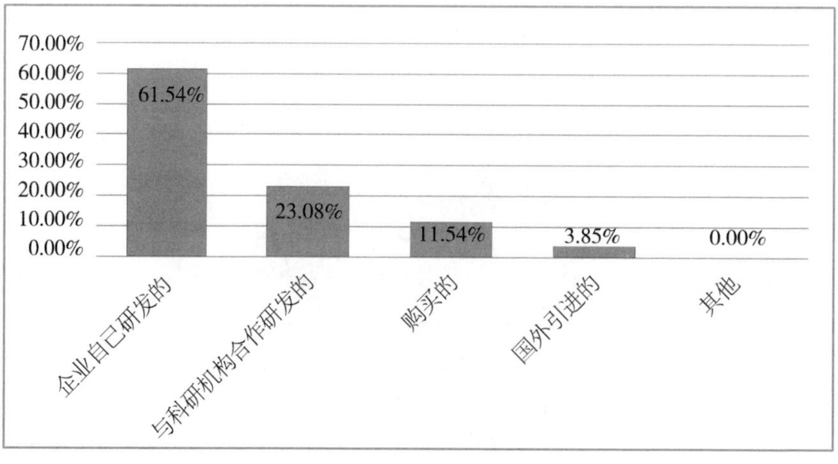

图 7-28 企业科技成果的转化效果

在对研发人员奖励的主要方式上，65% 的企业选择加薪的方式，5% 的企业愿意与员工分享收益和期权，表明当前企业激励员工还是以金钱激励为主。另外，在日常工作中，58% 的新医药企业开展全员创造革新活动，还有接近一半的企业并没有重视员工创新活动，全员创新意识不强。

⑤影响企业创新因素情况

根据调查统计结果，企业不愿意开展自主创新的主要原因是周期太长、风险太大，新医药企业在研发活动上投入成本高，企业以及政府在风险控制机制上还不够系统化。其中，22% 的企业认为政府应该多提供优惠政策来提高自主创新能力，84.6% 的企业认为政府应该为新医药企业提供专项支持，具体如图 7-29 和图 7-30 所示。

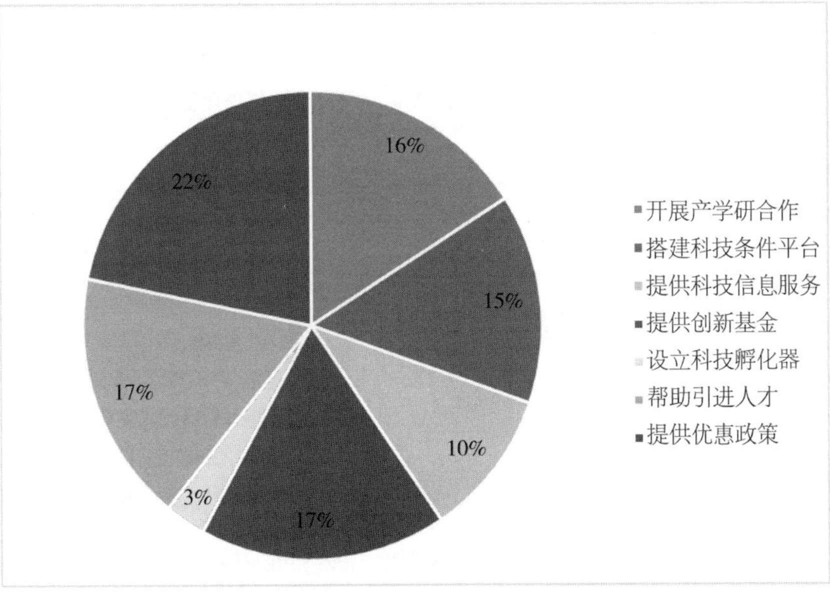

图 7-29　政府在提高企业创新能力上应发挥的作用

在影响企业自主创新的市场因素上，57.7% 的企业认为市场信息不充分；在科技因素上，46.2% 的企业认为科技与生产脱轨，因此企业要根据自身生产水平和状况，充分把握市场信息才能有效提高企业创新能力（如图 7-31、图 7-32 所示）。

值得一提的是，连云港新医药企业的高层领导整体具有较高的创新意识、创新思维，树立了较强的创新精神。

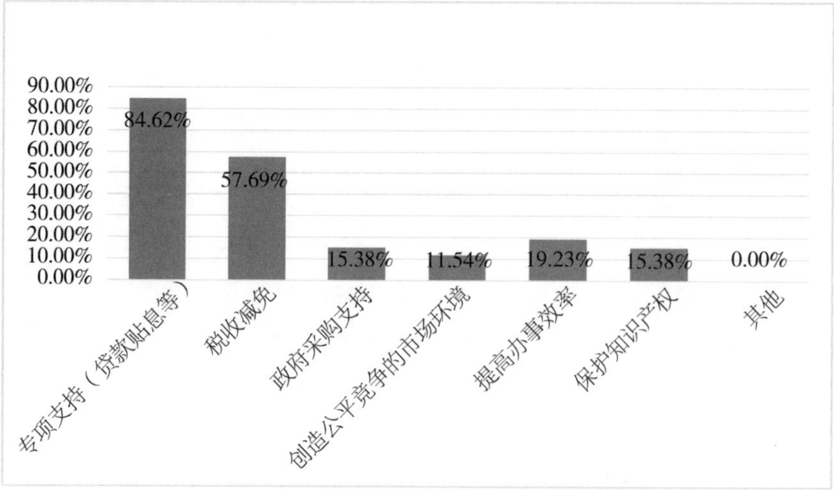

图 7-30　企业开展自主创新活动最希望政府做哪些工作

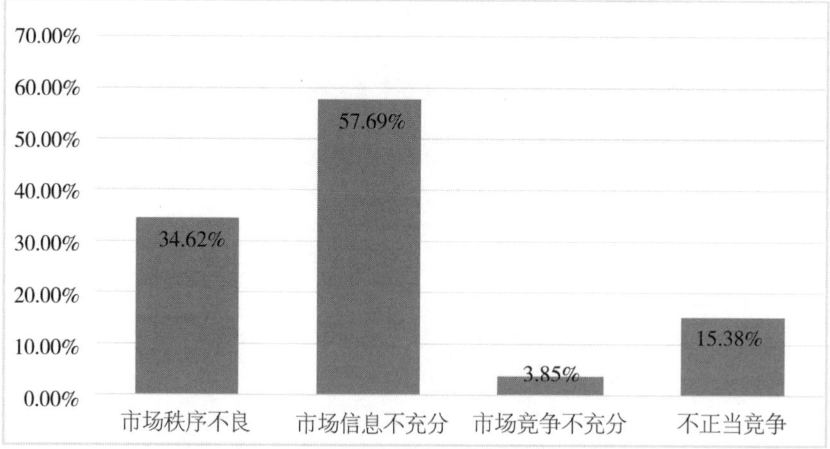

图 7-31　影响企业自主创新的市场方面原因

（6）总体评估

①产业集聚集群发展

近年来，在“创新引领、强化优势、突出特色、协调发展”的指引下，医药产业已经成为连云港的优势产业和特色产业，产业集聚程度较高，目前已形成了“一园三区”的空间布局，“三区”即中心区新医药板块、大浦工业区原料药板块、临港南片区创新药研发板块，同时形成了新型抗肿瘤药、新型肝病药物、麻醉镇痛药物、新型中成药、新型药

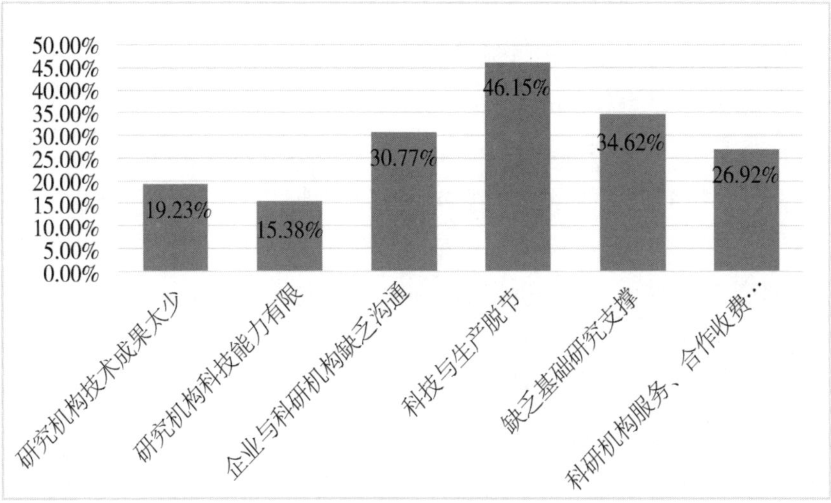

图 7-32　影响企业自主创新的科技方面原因

用包装材料、医用消毒灭菌设备等六大特色医药集群。新医药产业内拥有规模以上医药企业 54 家、高新技术企业 33 家，建有国家火炬计划新医药产业基地 1 个，国家 863 计划成果产业化基地 1 个，省级医药科技产业园 1 个，拥有年销售额超亿元大品种 48 个。

②创新体系不断完善

新医药企业积极推进创新平台载体建设，大力开展产学研合作创新，基本建立了适合自身发展的创新研发体系，四大药企已建立国内领先、接轨国际的医药研发体系，建成国内最大的抗肿瘤药物、手术药物、新型肝病药物研发生产基地和全国重要的现代中药创新基地。2016 年，正大天晴获批建设江苏省抗病毒药物研发重点实验室，全市医药产业省级以上工程技术研究中心、重点实验室等研发机构数量达到 25 个。江苏省原创化学药制造业创新中心已正式获批第一批省制造业创新中心，并获得省级财政 1 000 万元支持，目前正在积极筹建。恒瑞医药“靶向药物国家工程技术研究中心”顺利通过科技部组织的专家验收，形成了靶向药物研发技术体系，新建靶点 4 个，开发出 16 个具有国内先进水平的靶向药物。

③创新能力国内领先

连云港新医药企业整体创新优势明显，在全省乃至全国具有一定影响力，在业界享有“中国医药创新看江苏，江苏医药创新看连云港”的美誉。恒瑞医药居首届全国大中型工业企业“自主创新能力行业十强”，在科技部进行的创新药物企业孵化基地、学研产联盟评比中获得全国第一名；康缘药业是国家中药现代化示范企业，创新能力排全国中药工业企业前三名，是全国同类企业中拥有新药和发明专利数量最多的企业；豪森药业在国家统计局公布的全国医药企业创新力排名中居化学制剂类行业第五位，全国医药企业 50 强；正大天晴是国内最大的肝健康药物研发和生产基地，在甘草制剂领域的研究已取得国内第一、世界领先地位；江苏中金玛泰医药包装有限公司是国内最大的医用包装材料生产商；千樱医疗设备、苏云医疗器材等企业在医疗设备、医疗器材等不同领域取得较好的发展。恒瑞医药获得 2016 年度国家科技进步二等奖，同时获批 2016 年度工信部技术创新示范企业。正大天晴获药学界最高奖项——第十一届中国药学会科学技术奖一等奖。正大天晴、豪森、康缘入选 2016 年“中国创新力医药企业”前 20 强，其中正大天晴名列榜首。恒瑞、正大天晴、豪森分别位列 2016 年“中国医药研发产品线最佳工业企业”第 1、3、4 位，“中国药品研发综合实力榜”第 1、2、9 位。

④国际化创新显著增强

四大药企持续加大力量推进国际化创新步伐，恒瑞、豪森和康缘都在美国成立研发中心，目前全市医药企业先后有 21 个原料药通过国外质量认证。恒瑞已在靶向治疗、免疫疗法等领域具备国际领先性，建立了国内第一个 ADCs 研发平台，2016 年其自主研发的生物创新药 PD1 以 7.95 亿美元的里程金许可给美国 Incyte 制药公司在海外开发，标志着恒瑞创新药全球化迈出了重要的一步。正大天晴在美国和欧洲设立了办事处，已有 3 种原料药、1 个制剂产品通过 FDA 或欧盟认证，2016 年其将一款治疗肝炎的创新药物在中国内地之外的国际开发权以 2.53 亿美元首付款和里程金许可给美国强生公司。康缘开发的桂枝茯苓胶囊已在美国完成Ⅱ期临床研究，获得美国 FDA 认可，是我国推进中药国际化的示范品种之一。

⑤知识产权战略持续推进

新医药企业重视知识产权保护，年均专利申请和授权量居全市首位。新医药技术创新知识产权联盟成为国家专利协同运用试点单位，成为全省唯一获批联盟。恒瑞、正大天晴、康缘获批省高价值专利示范中心，连云港高价值专利示范中心数量与南京、苏州、无锡并列全省第1。正大天晴通过国家知识产权示范企业复核，豪森药业获批国家知识产权示范企业。正大天晴被省知识产权局、质监局认定为知识产权贯标绩效评价优秀单位。恒瑞、正大天晴顺利通过省知识产权战略推进计划重点项目验收。在第十八届中国专利奖评选中，恒瑞获得中国专利优秀奖，连云港医药企业累计荣获国家、省专利奖 14 项，其中中国专利奖金奖 4 项。“连云港市医药行业专利导航数据库”已初步完成并投入试运行，免费提供给本市医药企业使用。

（7）发展启示

①）注重产学研联合创新

无论是四大药企，还是其他医药企业均重视与科研院所、高校开展产学研合作创新，利用科研院所和高校的技术力量和有利条件联合攻关、开发新品，促进人才培养，提高企业创新能力。例如，正大天晴与清华大学、浙江大学、东南大学、中国医学科学院药物所、中科院上海药物所等形成了长期稳定的合作关系，组建了 4 个共建实验室。康缘与马里兰大学、曼彻斯特大学、中国中医科学院、中国医学科学院药物所等，按市场化方式运作，通过建立共建实验室、创新基金、创新战略联盟等方式，深入开展产学研合作，目前已建立 14 个共建实验室。德源、杰瑞等公司属于科技型中小企业，充分考虑到自身规模小、资金有限、自主创新能力不强等现实基础，在成立之初就以技术转让、产学研合作等方式加强企业创新能力培育，德源通过资产组带将天津药物院作为自己的技术依托，成为公司强大的新药研发平台；诺泰制药与中国军事医学科学院等建立良好的合作关系，与山东大学联合承担了国家“十二五”重大新药创制项目；杰瑞药业与沈阳药科大学签订专业学位硕士研究生实践基地协议，加强科技人才定向培养。

②注重国际化创新

实施国际化创新发展战略，一方面推进市场销售由国内走向国际，另一方面构建海外研发中心，突出代表是恒瑞和豪森。恒瑞在美国新泽西州设立研发中心，目前已有30余名资深研究员在该中心从事创新药的研究；公司持续加大投入，全方位打造符合美国FDA标准的生产体系，目前已有7个产品获准在欧、美、日销售。豪森除了在美国设立研发中心外，坚持国际化战略，注重知识产权国际保护，先后与美国礼来公司进行了多起知识产权诉讼，并最终取得胜诉；按照美国FDA和欧盟EDQM标准进行工艺设计，并配备了德国、意大利等最先进的生产设备和监测仪器，建成完全按照FDA标准生产的国际化制剂产业园。

③注重高端人才培养

新医药企业秉承人才兴企的理念，特别是发挥高端人才创新作用。例如，康缘依托自身平台优势，凝聚高端人才团队，建立高层次人才培养管理学院——康缘管理学院，组织实施“首席科学家引进计划”“百名博士引进培养计划”，先后从拜耳、施贵宝、安进、曼彻斯特大学、马里兰大学、北京大学、中国中医科学院引进首席科学家10名，引进、培养博士80余人，形成了一支博士、硕士占70%的科研队伍。豪森坚持人才强企战略，实施“领军人才”计划，积极从海外引进高端研发人才20余人，实施“蓄电池”计划，强化对本土研发人才的海外培训，加速高层次人才培养，实施“牧羊人”计划，通过股权激励，待遇向一线科研人员倾斜等措施，留住高端人才。

7.2.2 新材料企业的创新能力评估

本部分旨在对连云港新材料企业创新发展情况进行定量与定性评价，目的在于通过综合指数水平和创新发展实践全方位地正确评估新材料企业创新发展水平，找出优势和不足，加强企业创新能力培育，促进自主创新工作的落实。具体按照综合指数、分项指数、具体情况、横向对比展开评估分析。

（1）评估企业

本次评估新材料企业27家，占连云港规模以上企业的62%，调研数据截至2016年。目前，连云港新材料产业企业基本情况见表7-7。

表7-7 连云港新材料产业企业基本情况

产业	企业名称
新材料	连云港东渡碳化硅有限公司、连云港福东正佑照明电器有限公司、连云港海蓝研磨材料有限公司、连云港市弘扬石英制品有限公司、连云港市东海县宏伟石英制品有限公司、连云港华源石英制品有限公司、连云港江利达矿产品有限公司、连云港金瑞照明电器有限公司、晶海洋半导体材料（东海）有限公司、东海县晶盛源硅微粉有限公司、江苏丽港稀土材料有限公司、江苏圣达石英制品有限公司、东海县盛昌石英材料有限公司、连云港市盛昌照明电器有限公司、江苏太平洋石英股份有限公司、连云港市沃鑫高新材料有限公司、中材高新江苏硅材料有限公司、江苏广晟健发再生资源股份有限公司、江苏佳宇资源利用股份有限公司、连云港东材绝缘材料有限公司、连云港市兆昱新材料实业有限公司、连云港泰科复合材料有限公司、连云港紫光特种耐火材料有限公司、连云港鸿翔化工有限公司、江苏乐斯化学有限公司、连云港市华邦化工研究所有限公司、连云港吉必盛硅材料有限公司

（2）综合指数评估

经测度，连云港新材料企业创新能力排名前四的为晶海洋半导体、连云港江利达、连云港东材绝缘材料、江苏太平洋石英，综合指数分别为80.64、77.59、76.68和76.54，其他企业的综合指数见表7-8。

（3）分项指数评估

新材料企业创新能力由创新投入能力、创新研发能力、创新产出能力、创新管理能力、创新市场能力、企业家创新精神等6个分项指数组成，各企业分项创新指数情况见表7-9。

表7-8　　连云港新材料企业创新能力综合指数

企业名称	综合指数	排名
晶海洋半导体材料（东海）有限公司	80.64	1
连云港江利达矿产品有限公司	77.59	2
连云港东材绝缘材料有限公司	76.68	3
江苏太平洋石英股份有限公司	76.54	4
连云港市兆昱新材料实业有限公司	76.40	5
连云港福东正佑照明电器有限公司	75.83	6
江苏广晟健发再生资源股份有限公司	75.44	7
江苏圣达石英制品有限公司	75.19	8
连云港市东海县宏伟石英制品有限公司	74.29	9
东海县晶盛源硅微粉有限公司	74.25	10
连云港华源石英制品有限公司	73.96	11
连云港市沃鑫高新材料有限公司	73.52	12
连云港东渡碳化硅有限公司	73.45	13
江苏丽港稀土材料有限公司	73.45	14
连云港市弘扬石英制品有限公司	73.38	15
连云港紫光特种耐火材料有限公司	73.37	16
江苏乐斯化学有限公司	73.26	17
连云港市盛昌照明电器有限公司	73.24	18
连云港泰科复合材料有限公司	72.51	19
中材高新江苏硅材料有限公司	72.20	20
连云港海蓝研磨材料有限公司	71.97	21
东海县盛昌石英材料有限公司	71.44	22
江苏佳宇资源利用股份有限公司	70.86	23
连云港金瑞照明电器有限公司	70.79	24
连云港吉必盛硅材料有限公司	70.79	25
连云港市华邦化工研究所有限公司	67.58	26
连云港鸿翔化工有限公司	65.92	27

表7-9　　连云港新材料企业创新能力分项指数情况表

企业名称	创新投入能力	创新研发能力	创新产出能力	创新管理能力	创新市场能力	企业家创新精神
连云港东渡碳化硅有限公司	75.21	74.87	68.02	71.34	64.90	65.30
连云港福东正佑照明电器有限公司	73.51	80.76	67.17	80.59	68.25	87.67
连云港海蓝研磨材料有限公司	78.76	76.83	60.23	80.56	65.62	85.13
连云港市弘扬石英制品有限公司	90.68	96.53	63.65	79.23	63.74	85.13
连云港市东海县宏伟石英制品有限公司	76.41	79.72	68.91	76.90	78.82	85.13
连云港华源石英制品有限公司	68.06	76.87	63.49	75.39	74.07	87.67
连云港江利达矿产品有限公司	67.42	64.89	76.97	75.47	77.46	82.59
连云港金瑞照明电器有限公司	67.25	76.52	62.85	67.22	69.95	82.59
晶海洋半导体材料（东海）有限公司	67.16	64.33	69.85	70.72	75.79	82.59
东海县晶盛源硅微粉有限公司	65.04	66.44	74.90	75.83	64.93	87.67
江苏丽港稀土材料有限公司	65.16	67.01	79.56	79.49	66.13	82.59
江苏圣达石英制品有限公司	70.62	64.73	63.11	73.86	78.26	77.51
东海县盛昌石英材料有限公司	66.73	77.88	63.52	76.95	66.25	80.05
连云港市盛昌照明电器有限公司	67.20	68.73	65.03	67.66	69.07	77.51
江苏太平洋石英股份有限公司	64.26	67.93	69.02	74.60	74.38	90.22

续表

企业名称	创新投入能力	创新研发能力	创新产出能力	创新管理能力	创新市场能力	企业家创新精神
连云港市沃鑫高新材料有限公司	67.83	79.49	60.76	74.69	64.19	77.51
中材高新江苏硅材料有限公司	66.91	64.13	70.09	74.88	67.80	77.51
江苏广晟健发再生资源股份有限公司	63.79	64.04	71.06	78.83	77.68	67.34
江苏佳宇资源利用股份有限公司	62.56	65.82	65.99	68.35	69.11	69.89
连云港东材绝缘材料有限公司	63.00	64.37	75.81	73.28	66.15	85.13
连云港市兆昱新材料实业有限公司	62.01	63.99	70.05	63.79	66.99	80.05
连云港泰科复合材料有限公司	69.89	65.96	69.04	73.03	68.89	82.59
连云港紫光特种耐火材料有限公司	61.90	64.80	62.81	69.91	67.16	85.13
连云港鸿翔化工有限公司	62.80	64.17	60.19	63.00	63.27	64.80
江苏乐斯化学有限公司	60.96	64.17	66.19	67.01	72.14	82.59
连云港市华邦化工研究所有限公司	65.08	64.05	60.10	69.48	66.57	69.89
连云港吉必盛硅材料有限公司	66.57	63.00	66.00	61.90	66.09	70.05

（4）具体评估

①企业创新基本情况

根据调查统计结果，85% 的新材料企业设有专门的研发机构，说明连云港新材料企业研发机构整体水平较高，其中，81% 的企业将研发机构设在企业内部，7% 的企业将研发机构设在大学、科研院所和国外，表明连云港新材料企业与高校的产学研合作程度较低。另外，56% 的企业在生产主导产品时，使用的是引进、吸收、消化再创新方式；在企业主要创新技术方式中，独立研究开发占较大比重，达到 67%，与科研机构合作开发的比重为 37%，表明连云港新材料企业自主创新能力相对较强。

企业技术人员主要来源如图 7-33 所示。由图 7-33 可知，66.67% 的企业采用自己培养方式，说明连云港对外地人才的吸附作用不强。

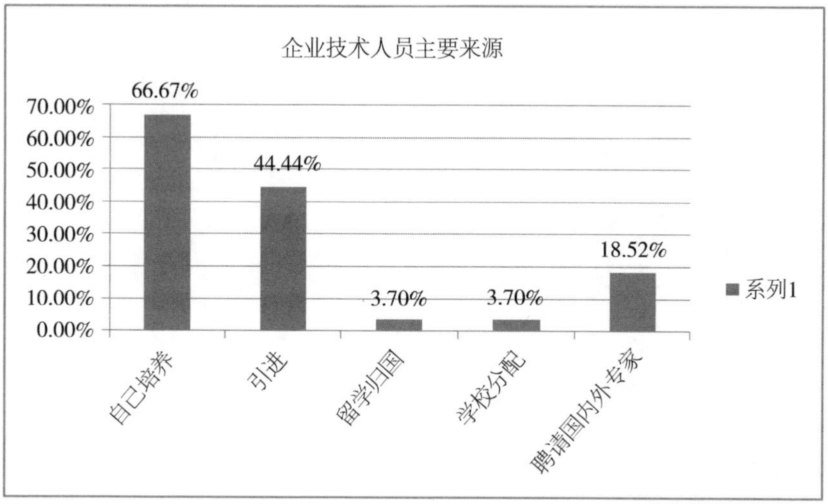

图 7-33　企业技术人员主要来源

②企业创新结果

新材料企业在专利的申请、授权等方面的创新绩效情况整体一般（见表 7-10），很多企业知识产权管理相对较弱，专利申请和授权超过 10 件的企业不到 50%，说明连云港新材料企业创新产出太低，创新效率不高。

表7-10 新材料企业创新绩效与成果（专利） 单位：件

企业名称	专利申请		专利授权	
	总数	发明专利	总数	发明专利
连云港东渡碳化硅有限公司	9	1	NA	NA
连云港福东正佑照明电器有限公司	8	6	4	2
连云港海蓝研磨材料有限公司	NA	NA	NA	NA
连云港市弘扬石英制品有限公司	NA	NA	NA	NA
连云港市东海县宏伟石英制品有限公司	6	6	11	9
连云港华源石英制品有限公司	2	2	3	3
连云港江利达矿产品有限公司	12	2	10	0
连云港金瑞照明电器有限公司	1	6	0	0
晶海洋半导体材料（东海）有限公司	7	3	5	1
东海县晶盛源硅微粉有限公司	12	2	12	2
江苏丽港稀土材料有限公司	20	11	14	8
江苏圣达石英制品有限公司	10	6	1	0
东海县盛昌石英材料有限公司	3	1	1	1
连云港市盛昌照明电器有限公司	6	5	5	4
江苏太平洋石英股份有限公司	21	6	11	5
连云港市沃鑫高新材料有限公司	NA	NA	NA	NA
中材高新江苏硅材料有限公司	10	1	3	0
江苏广晟健发再生资源股份有限公司	16	16	2	2
江苏佳宇资源利用股份有限公司	4	4	15	6
连云港东材绝缘材料有限公司	0	0	2	2
连云港市兆昱新材料实业有限公司	8	5	1	1
连云港泰科复合材料有限公司	6	NA	6	NA
连云港紫光特种耐火材料有限公司	NA	NA	NA	NA
连云港鸿翔化工有限公司	0	0	0	0
江苏乐斯化学有限公司	2	2	0	0
连云港市华邦化工研究所有限公司	0	0	0	0
连云港吉必盛硅材料有限公司	6	1	5	4

③企业技术创新自主性与外部依存度情况

根据调查统计结果，59.26% 的企业认为开展技术创新最缺乏的因素是资金，其次是人才，表明对于当前连云港新材料企业来说，资金和人才都比较急需，而这两项因素也是企业创新能力发展的两个核心因素，具体情况如图 7-34 所示。

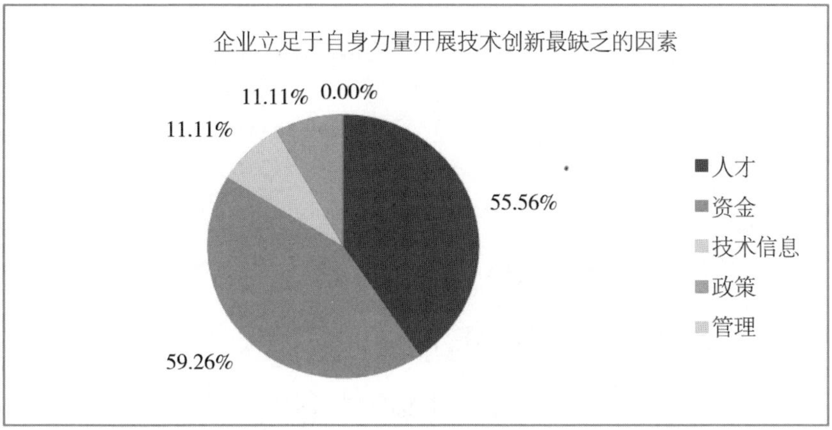

图 7-34 企业立足于自身力量开展技术创新最缺乏的因素

在企业认为最需要的技术服务中，44.44% 的企业需要技术指导，40.74% 的企业需要合作研发，两者超过 85%，表明新材料企业在创新能力培育中迫切需要外部力量的助力（如图 7-35 所示）。

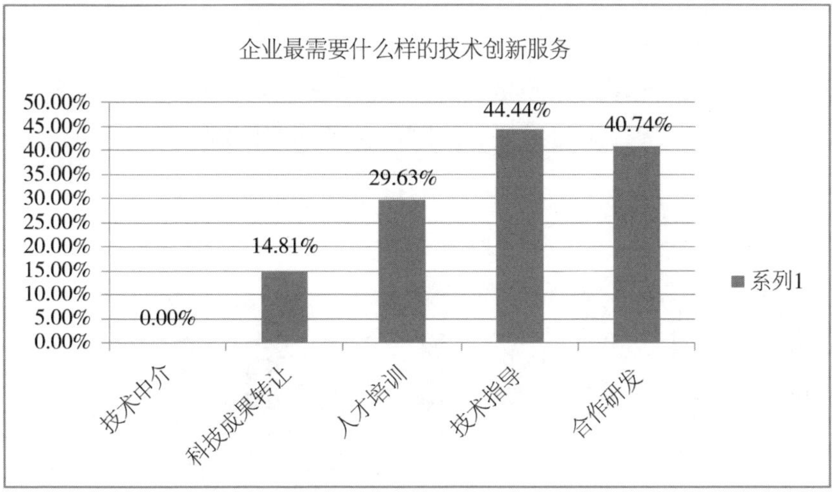

图 7-35 企业最需要的技术创新服务

④企业自主创新经验情况

74.07% 的企业认为自主研发的科技成果转化效果最好，22.22% 的企业认可与科研机构合作开发，充分表明连云港新材料企业更多地依靠自主创新，其创新成果转化成效较好（如图 7-36 所示）。

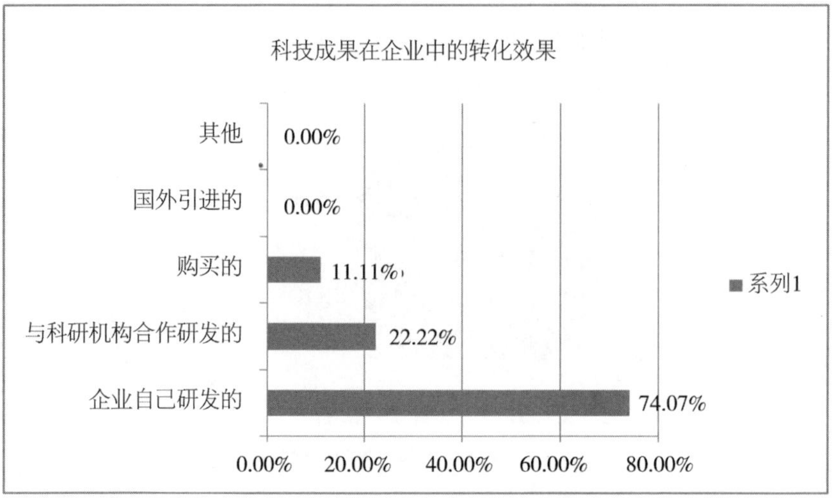

图 7-36 企业科技成果的转化效果

⑤影响企业创新因素情况

根据调查统计结果，企业不愿意开展自主创新的主要原因是风险太大，技术创新难度大，且需要大量的研发投入。其中，66.67% 的企业认为政府应该多提供优惠政策来提高企业的自主创新能力，59.26% 的企业认为政府应该设立专项基金支持企业自主创新，具体如图 7-37 所示。

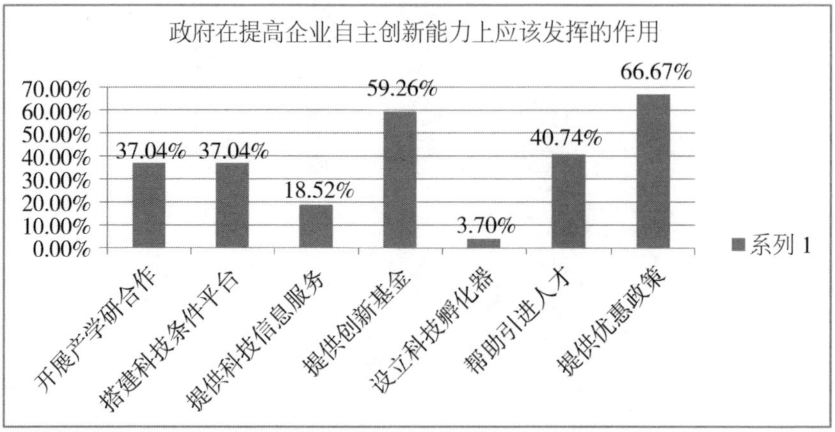

图 7-37 政府在提高企业创新能力上应发挥的作用

在影响企业自主创新的市场因素上，44.44% 的企业认为市场信息不充分和市场秩序不良；在科技因素上，29.63% 的企业认为科技与生产脱轨，25.93% 的企业认为自身的研发机构科技创新能力不够，因此企业要根据自身生产水平和状况，充分把握市场信息并加强科技与企业运营过程的融合，才能有效提高企业创新能力（如图 7-38、图 7-39 所示）。

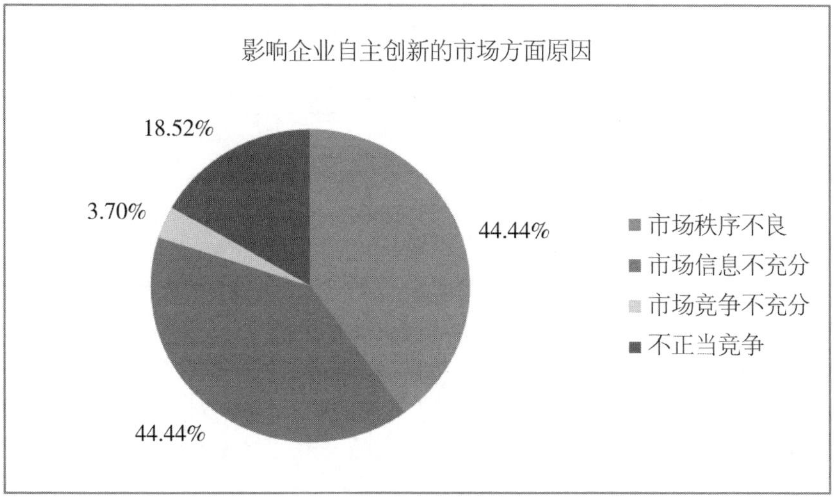

图 7-38　影响企业自主创新的市场方面原因

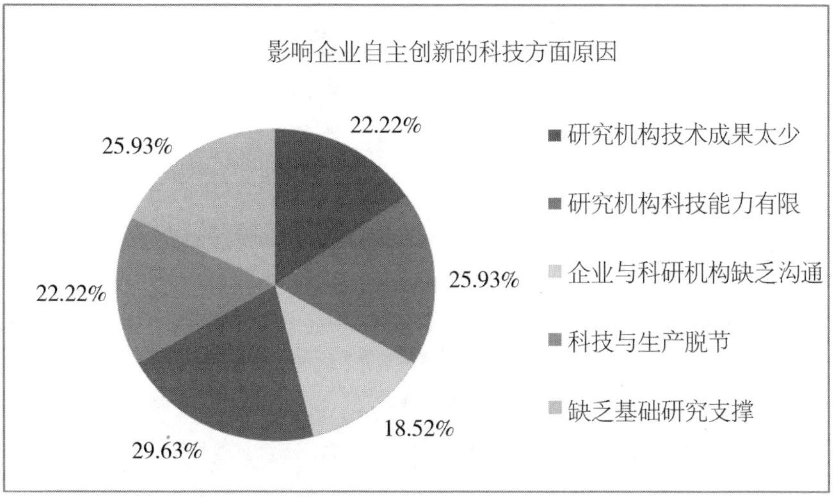

图 7-39　影响企业自主创新的科技方面原因

（5）横向对比评估

为了更好地反映新医药和新材料企业创新能力在连云港战略性新兴产业中的发展地位，课题组将二者进行横向对比分析，具体选择了综合指数排名前 10 的企业（见表 7-11）。

表 7-11　　新医药企业与新材料企业的创新能力比较

新医药企业名称	综合指数		排名	新材料企业名称	综合指数	排名
江苏恒瑞医药股份有限公司	84.54		1	晶海洋半导体材料（东海）有限公司	80.64	1
正大天晴药业集团股份有限公司	83.16		2	连云港江利达矿产品有限公司	77.59	2
江苏豪森药业集团有限公司	81.03		3	连云港东材绝缘材料有限公司	76.68	3
江苏康缘药业股份有限公司	78.99		4	江苏太平洋石英股份有限公司	76.54	4
连云港润众制药有限公司	73.72		5	连云港市兆昱新材料实业有限公司	76.40	5
江苏澳新生物工程有限公司	72.41		6	连云港福东正佑照明电器有限公司	75.83	6
连云港康乐药业有限公司	71.44		7	江苏广晟健发再生资源股份有限公司	75.44	7
连云港瑞邦药业有限公司	71.28		8	江苏圣达石英制品有限公司	75.19	8
江苏暨明医药科技有限公司	71.02		9	连云港市东海县宏伟石英制品有限公司	74.29	9
连云港贵科药业有限公司	70.15		10	东海县晶盛源硅微粉有限公司	74.25	10

通过表 7-11 可以看出，从产业创新型领军企业（即综合指数在 80 分以上）数量来看，新医药产业有 3 家（恒瑞、正大天晴、豪森），新材料产业仅有 1 家（晶海洋半导体材料（东海）有限公司），表明新医药产业在全市各个产业中的领导型创新能力较强。但是，从产业内企业创新均衡度来看，在创新能力综合指数排名前 10 的企业中，新材料产业中的企业间创新能力较为均衡，而新医药产业中的企业间创新能力差异较大。

8　连云港与省内其他创新型城市建设的综合比较评估

本章拟将连云港与江苏其他创新型城市进行横向对比分析，定位自身优势，明晰缺位短板，以比较促学习，以学习促发展。

8.1　综合指数对比评估

经测算，连云港与南京、苏州、无锡、常州、镇江、南通、泰州、扬州、盐城、徐州、淮安、宿迁等 12 个城市的创新型城市建设综合指数分别为 64.88、97.39、93.05、90.23、85.88、80.76、80.07、73.56、72.86、68.76、67.93、64.81 和 62.83，其中，连云港位列江苏 13 市中的第 11 位。虽然连云港在苏北 5 市中处于中间位置，但与苏南、苏中等发达城市还有一定的差距，与排名第 1 的南京市相差 32.5，低于全省平均水平 12.27，表明连云港成为江苏创新型城市建设发展中前列城市仍然任重道远（如图 8-1 所示）。

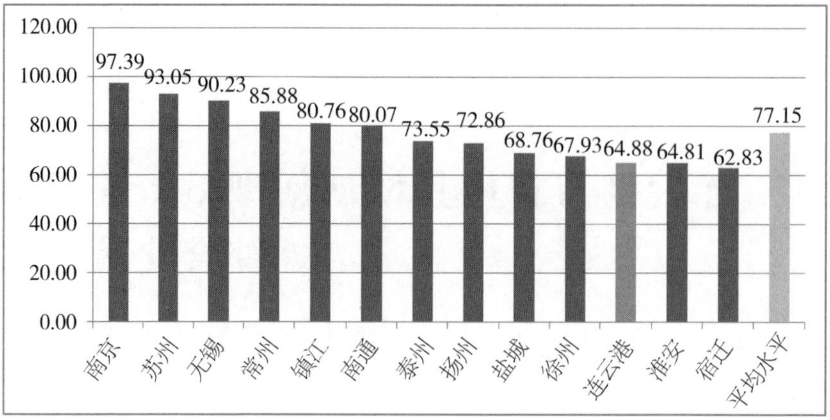

图8-1 连云港与省内其他12市的创新型城市建设综合指数（2013年）

注：上述指数是以连云港创新型城市建设评估指标体系为基础，并进行无量纲处理得出的。

8.2 分项指数对比评估

8.2.1 创新主体分项指数的比较

连云港在江苏 13 个城市中创新主体分项指数位列第 11 位，为 66.01，低于全省平均水平 9.24。其中，苏北 5 市整体低于全省平均水平，与苏南、苏中差距较大（如图 8-2 所示）。

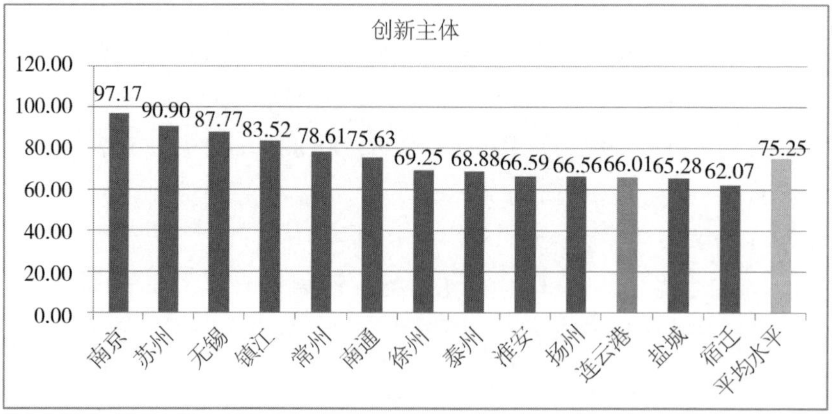

图8-2 连云港与省内其他12市的创新主体分项指数（2013年）

8.2.2 创新环境分项指数的比较

连云港在江苏 13 个城市中创新环境分项指数位列第 12 位，为 64.74，低于全省平均水平 11.16。与创新主体排位相比，连云港在创新环境上相对短板明显（如图 8-3 所示）。

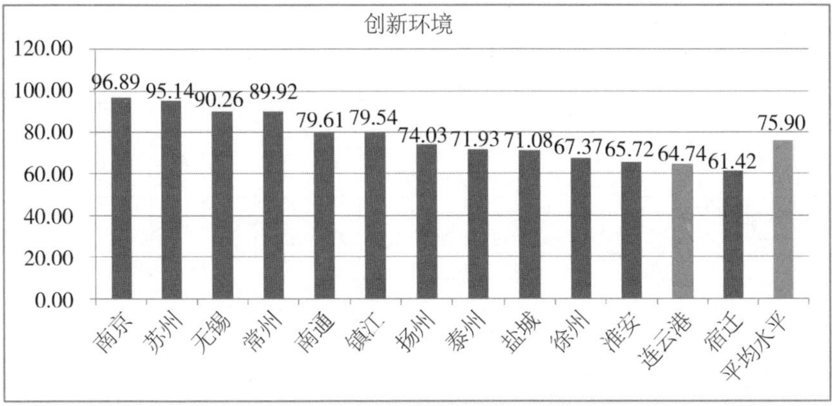

图 8-3 连云港与省内其他 12 市的创新环境分项指数（2013 年）

8.2.3 创新绩效分项指数的比较

连云港在江苏 13 个城市中创新环境分项指数位列第 12 位，为 64.15，低于全省平均水平 12.53。与创新主体、创新环境相比，连云港创新型城市建设效益不高，创新发展的效率和效果有待提升（如图 8-4 所示）。

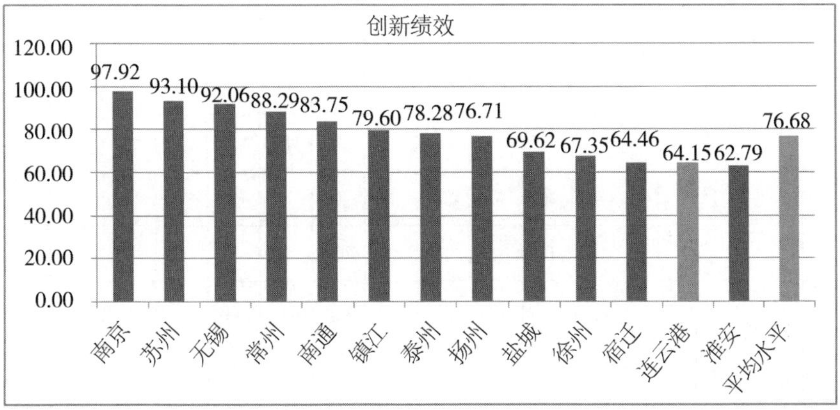

图 8-4 连云港与省内其他 12 市的创新绩效分项指数（2013 年）

8.3 主要指标对比评估

2013 年，连云港与省内其他 12 个城市的创新型城市建设主要指标分布情况见表 8-1。

表 8-1 连云港与省内其他 12 个城市的创新型城市建设主要指标分布情况（2013 年）

序号	指标	南京	苏州	无锡	常州	南通	镇江	泰州	扬州	盐城	宿迁	淮安	徐州	连云港
1	认定的高新技术企业数量（家）	344	260	332	112	98	100	95	96	105	89#	147	112	102
2	企业研发支出占主营业务收入比重（%）	2.7	2.9	2.7	2.6	2.42	3.27*	2.59	2.6	2#	2.41	2.52	2.47	2.1
3	省级以上工程技术研究中心等企业研发机构数量（家）	185*	164	131	110	117	212	131	100	101	96#	99	112	106
4	大中型工业企业及规模以上高新技术企业中拥有研发机构的企业所占比重（%）	85.6*	85.12	83.2	81.9	79.43	78	65.5	67	72	56#	63.2	79.1	76
5	产学研协同创新基地（产学研结合示范基地）数量（个）	5*	3	3	2	2	1#	1#	1#	1#	1#	1#	1#	1#
4	省级以上科技平台数量（个）	55*	41	47	45	23	25	14	10	17	10#	16	12	12
7	国家、省级认定科技企业孵化器和加速器数量	69*	67	45	33	61	28	23	20	18	12#	15	13	13
8	孵化面积（万平方米）	499.6*	456.4	425.3	480	272	287.1	100.2	98.8	87.9	69.6	85	74.4	64.8#
9	省级以上科技园区数量（个）	44*	43	36	35	28	22	20	19	13	5#	10	8	6
10	创新型试点乡镇（个）	18*	17	16	15	13	12	12	11	10	6#	10	6	8
11	每万就业人员中R&D人员数（人/万人）	247.0*	202.7	209.9	207.1	123.1	159.8	65.65	97.14	56.41	31.21#	39.36	66.66	54.88
12	引进高层次创新创业人才（人）	528*	505	510	500	494	488	482	473	470	430#	459	468	441

续表

序号	指标	南京	苏州	无锡	常州	南通	镇江	泰州	扬州	盐城	宿迁	淮安	徐州	连云港
13	人才资源总量（万人）	202*	195	126	142.8	85.43	62.7	60.24	60.8	80	34.7#	54.8	74	59.5
114	全社会R&D经费支出占GDP比重（%）	20.95*	20.57	20.7	20.57	20.42	20.43	20.09	20.11	10.65	10.19#	10.5	10.68	1.53
15	地方财政科技拨款占地方财政支出的比重（%）	4.72	6.3*	4.93	5.29	3.31	3.74	2.24#	3.28	3.56	2.96	2.31	2.43	2.45
16	百亿元GDP发明专利授权数（件/百亿元）	59.02	64.45*	53.44	52.14	47.49	42.05	33.5	32.14	27.14	15.36#	16.22	35.04	16.25
17	万人发明专利拥有量（件/万人）	17.76*	14.23	14.96	10.21	6.41	9.69	9.7	8.5	1.6	1.32#	2.3	3.33	2.25
18	PCT国际专利申请量（件）	155*	147	136	124	108	99	85	72	70	56	57	56	46#
19	高新技术产业产值占规模以上工业产值比重（%）	41.59	43.38*	41.02	41.1	41.01	46	38.89	40.2	27.48	23.16#	24.46	34.19	38
20	新产品产值占规模以上工业产值的比重（%）	22*	18.5	21	20.3	22.4	13.11	15	14.7	14.5	13.2	12.37	12.8	11.85#
21	科技进步贡献率（%）	63.3*	60	62.57	60.92	58	58.32	58.5	57.7	56.43	54.39	51	50.31	49#
22	农业科技进步贡献率（%）	70*	65	65.79	64.38	61.5	60	62.8	62.56	62.01	61.05	60.3#	60.74	60.5
23	人才贡献率（%）	60	67.34*	56.49	56.44	51.79	50.56	47.3	45.6	42.79	40.64	37.66	36.1	33.4#

注："*"代表13市中的最大值，"#"代表13市中的最小值。

虽然连云港目前自身建设情况良好，且在苏北地区处于中间位置，但与创新型城市建设发展较快的南京、苏州等苏南地区的城市相比仍有不小差距，在各项主要指标发展上相对滞后很多。

从创新投入的"全社会R&D经费支出占GDP比重"指标来看，连云港仅为1.53%，苏中、苏南城市均超过2%，且考虑到连云港GDP总量也偏低，可见连云港在科研投入量上是远远低于江苏发达城市的，创新发展动力源还不够强（如图8-5所示）。

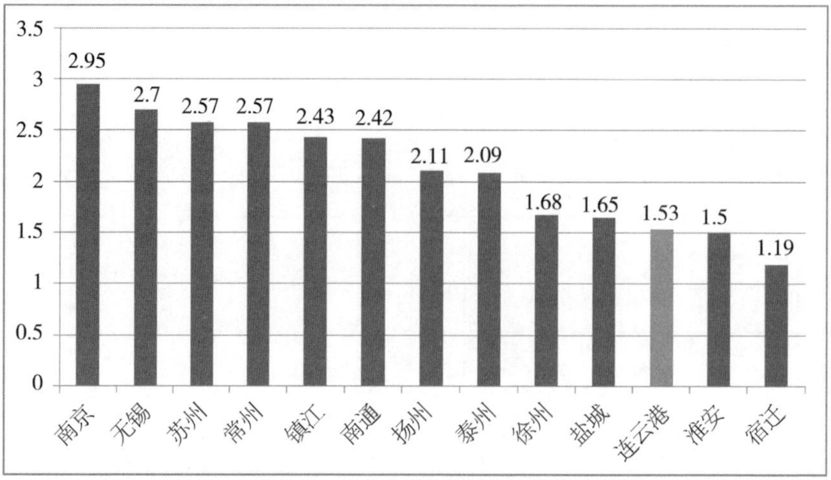

图 8-5 连云港与省内其他 12 市的全社会 R&D 经费支出占 GDP 比重情况（2013 年）

从创新产出的“百亿元 GDP 发明专利授权数”指标来看，连云港是苏州的 1/4，与苏北地区的盐城差距也达到 10 个点，其对经济社会发展的有限支撑作用可想而知（如图 8-6 所示）。

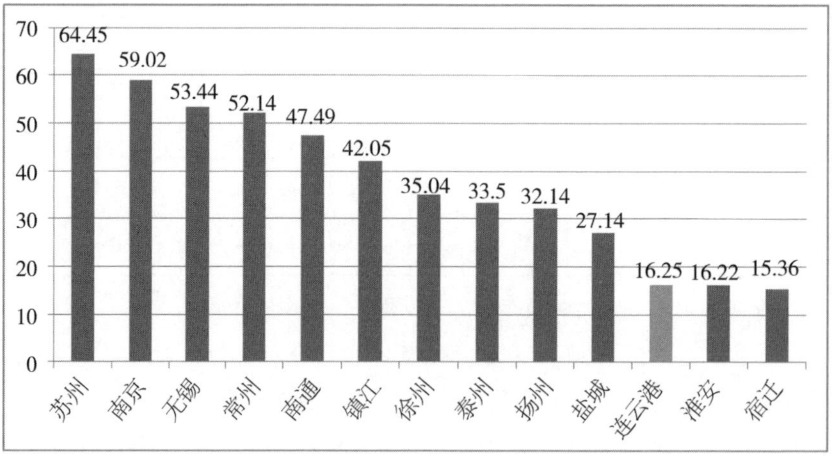

图 8-6 连云港与省内其他 12 市的百亿元 GDP 发明专利授权数情况（2013 年）

8.4 主要成因分析

由于创新型城市建设都是在特定的环境中进行的，创新成功与否受到包括各种外界环境因素在内的多重因素的影响。连云港地处欠发达地区，因其特殊的经济、制度、资源环境等区位特征，使区域创新发展与企业自主创新能力提高与苏中、苏南地区形成差距，具体表现为：一是企业自主创新要素投入与科技产出较低。企业自身资金不充裕，区内融资渠道欠缺，导致苏北地区自主创新要素投入远远不及苏中、苏南发达地区。从研究经费上看，苏北欠发达地区的研究经费总量虽然逐年上升，但上升的速度远远不及苏南地区。从科技人才投入看，苏北地区也不及苏南地区。二是区域创新的相关基础设施配套不足。和苏南地区相比，以连云港为代表的欠发达地区在创新的相关基础设施配套方面差距较大。苏南地区早就兴建了一大批高质量、高标准的交通、环保、电力设施，这些基础设施的建成又进一步提升了对外资、高技术人才的吸引度，而苏北地区虽然在近些年来基础设施条件有了极大的改善，但仍远远不及苏南地区。三是包括连云港在内的苏北地区企业科技水平较低，以区外技术引进为主，自主创新能力较弱。

总之，经上述比较可知，连云港在全省创新型城市建设和提高企业自主创新能力上处于相对落后的地位，特别是在企业研发支出占主营业务收入比重、每万就业人员中 R&D 人员数、全社会 R&D 经费支出占 GDP 比重、百亿元 GDP 发明专利授权数等重要指标上差距很大。连云港要真正成为国家创新型试点城市和智慧城市任重而道远，需要全市坚持创新驱动发展战略，加快转型升级，以创新驱动连云港经济社会实力全面提升。

9 连云港国家创新型试点城市建设的主要问题

自 2011 年开展创新型城市建设以来，连云港科技创新综合实力迈上了新台阶，走在了苏北前列，有力推动了经济社会的发展，但放在当前技术创新的新形势下去比较，放在全省的坐标系上去衡量，放在连云港发展的阶段性特征中去分析，差距和问题依然突出。从企业来看，对技术创新重视程度不够，以企业为主体的技术创新体系有待进一步完善，产学研合作有待进一步深化。

9.1 宏观层面的主要问题

9.1.1 政府服务市场功能有待夯实

(1) 思想认识需要提升

存在墨守成规、求稳怕乱、不敢突破的思想；工作缺乏创新思维、创新举措；创新型城市建设过于局限于科技相关部门，缺乏体制性、组织性和系统性推动。

（2）激励政策不够科学

现行创新培育政策较为零散，优惠政策重成果轻投入，强调事后鼓励，忽视事前扶持。特别是缺少对有潜力的弱小企业自主创新项目进行扶持的政策倾斜，过多的是事后奖励。注重外延式扩大再生产，上新项目，铺新摊子，忽视了内涵扩大再生产的发展，对企业自主创新动力激励政策制定重视不够。

（3）服务职能发挥不够

政府作为市场监管者，对市场信息的导向和服务功能不强，导致企业市场供求、产品创新等信息搜寻成本较高。教育体制、社会文化的创新环境尚未建立，不能完全适应创新型城市建设的要求。

9.1.2 创新要素汇聚能力有待提升

（1）创新基础较为薄弱，科技资源配置和统筹利用效率有待优化提升，科技创新体系有待进一步完善，基层科技组织不健全，管理服务水平不够高。

（2）科技服务体系还不健全。科技服务总体发展水平较低，科技服务人员短缺，市场化、专业化中介服务机构匮乏，技术转移转化和科技金融服务能力薄弱，制约科技服务业发展的体制机制性障碍尚未完全破除。

（3）创新要素市场不完善，人才市场的进入和退出机制不完善制约了劳动力的自由流动，技术市场发育还不成熟，资本市场参与度较低，资金供应量不足，供应渠道较窄，使企业无法得到充分的创新资金，融资成本较高。

9.1.3 科技创新投入有待加大

技术创新活动最重要的一个特点就是高投入，一个地区技术创新能力与该地区科研经费投入是正相关的，科技活动经费最重要的来源是政府资金和企业资金。目前，连云港在技术创新投入经费上偏低，再加上投资结构不够合理，2014 年，全社会研发经费投入占 GDP 比重低于全省平均水平 0.55 个点，且与苏中、苏南地区的城市差距较大。多层次、多元化的科技投入体系也尚未真正建立，导致科技进步对经济发展贡献率还不高，对经济发展的引领和带动作用不明显。

9.1.4 知识产权服务体系有待完善

目前连云港专利服务机构提供的服务内容范围较窄，不能有效满足知识产权事业发展的需要；大部分知识产权服务还停留在代理、信息检索、法律咨询等环节，在知识产权价值评估、产权融资、知识产权预警等方面尚未起步，缺失前瞻性、战略性的高水平服务。

9.2 微观层面的主要问题

9.2.1 企业自主创新能力不足

技术创新的最后环节就是将高效技术通过企业转化为高新技术产品和工艺，为企业带来经济效益，带动经济的发展。通过对比分析，我们不难发现连云港的研究机构数量、企业研究开发投入的能力、企业技术创新产出能力以及企业的制造能力与苏中、苏南发达地区的城市相比都是非常薄弱的。掌握核心技术和具有自主品牌的创新型企业不多，有点无面的问题仍然突出；高新技术产业规模偏小，高新技术产品偏少，关键技术自给率偏低；现有的企业无法完全承担起技术创新主体的作用，在技术研究开发、技术创新成果转化和技术创新投入方面，无法带动区域内其他企业的共同发展，无法发挥先进企业带动区域整体技术跨越式发展的作用。

9.2.2 技术创新人员数量不多

人才是技术的重要载体，是技术创新活动必不可少的要素。一个地区技术创新人才的多少是决定该地区技术创新能力水平的重要因素。目前，连云港处于人才洼地，反向虹吸效应明显，每万人中研发人员仅有 56.42 人，不及全省平均水平，导致科技人才队伍现状与创新型城市建设的要求极不适应。人才结构也不合理，高层次人才，尤其是围绕区域主导产业、高新技术产业和战略性新兴产业的科技领军人物、创新团队严重匮乏。

9.2.3 创新激励机制不健全

(1) 一些企业市场化意识仍然比较弱，企业管理模式具有计划经济的特点，现代企业制度尚未建立起来。行政领导与技术和知识要素所有者之间存在着博弈行为，领导不愿放权给企业家和技术人才，导致企业吸引不了也利用不了高级人才。

(2) 获取利益和精神激励形式单一。很多企业行政意识强，大多数企业对科技人员的重视口头多于行动，激励的利益形式仍停留在科技奖励与职务技术奖酬方面，仍是一种单一化与非持续的方式，对于真正具有创新能力的人员来讲激励作用十分有限，吸引力不足。

9.2.4 创新意识相对滞后

(1) 缺乏创新的企业文化。技术创新意识是决定技术创新能力的关键因素，企业创新文化是培育自主创新意识的精神环境。由于受到传统观念、教育培训水平较低的影响，当前全市企业忽视个人创新能力的发挥，创新动力不足；在一些企业中，重视创新成果的奖励，而对创新的失败者不够宽容。

(2) 企业家缺乏创新精神。当前市场环境错综复杂，企业家必须具有超强的创新意识，发现现实中的创新机会，并做出合适的创新决策。但相比苏南地区的城市来说，连云港位于欠发达地区，企业家市场化意识、创新意识弱，而且很大一部分没有受过专业的管理培训，自我意识较强，自主创新观念淡薄。

10 连云港国家创新型试点城市深化建设的环境分析

“十三五”时期，我们要深刻理解经济发展新常态的特征和要求，把握好改革发展稳定大局，坚持从实际出发，科学谋划连云港创新型城市建设接轨“一带一路”、长江经济带、互联网经济等发展机遇的战略思考和举措，从而为连云港“十三五”科技发展规划提供重要支撑来源。

10.1 深化建设的一般环境

今后一段时期，世界经济仍将处于后危机时期，脆弱的经济复苏与低速增长相伴相生，创新发展成为世界各国摆脱危机、实现复苏的关键路径。为此，技术创新步伐加快，新产品层出不穷，移动互联网全覆盖，大数据铺天盖地，互联网经济、工业 4.0 等新概念的出现，使全球经济社会发生了划时代的变化。当前我国经济发展进入新常态，经济进入下行通道且保持稳定状态，升质提效、转型升级成为主题，这就要求我们必须要“变”，以自主创新引领新常态，带来区域发展的原动力。要素驱动、投资驱动和创新驱动是一个国家或地区经济社会发展的三个阶段。当前，在经济全球化形势下，能源资源环境约束日益加剧，粗放式发展方式已经难以为继，必须走创新驱动的发展路子。我国计划到2020年进入创新型国家行列。

江苏也提出“到2015年在全国率先基本建成创新型省份”。“十三五”是江苏全面建成创新型省份和智慧江苏的重要时期，积极实施科技创新工程成为未来全省科技工作重点，且创新要素向苏北集聚力度逐步加大，创新驱动与产业转型升级迎来巨大利好。2014年10月，苏南自主创新示范区获国务院批复，成为我国首个以城市群为基本单元的国家自主创新示范区。以创新驱动为内核、以一体化发展为特色的“新苏南模式”正式开启。依托苏南自主创新示范区，苏南5市将在立足自身优势、资源禀赋、产业基础构建各具特色的创新型经济的同时，进一步强化资源共享和联动发展。

10.2 深化建设的具体环境

2011年，科技部正式批准连云港为国家创新型试点城市，连云港有幸成为苏中、苏北首个获此殊荣的城市。本章旨在全面分析国家、省、市关于创新型城市建设的政策环境，特别是立足于当前连云港发展背景，如“经济发展的新常态”“一带一路重要节点城市”“搭上长江经济带建设新一轮发展快车”“国家东中西合作示范区”“智慧江苏”“互联网经济时代以及连云港新型工业化和两化融合取得新成绩”下的发展机遇分析。

10.2.1 经济发展的新常态

全球金融危机的大爆发宣告了世界经济步入“大调整”与“大过渡”的时期。这种大时代背景与中国阶段性因素的叠加决定了中国经济进入增速阶段性回落的“新常态”时期，并呈现出与周期性调整不一样的新现象和新规律。因此，宏观调控理论、调控模式及其工具也应该做出相应调整。

“十二五”初期，七大新兴产业占经济比重只有 5%，2015 年占比提高到 8%，到“十三五”时期提高到 10%。这就意味着从“十二五”到下一个五年计划，新兴产业的增长速度要在 20%~22% 之间。比如节能环保产业，未来 5 年内的投资需求超过 3 万亿元，固废处理投资有望达到 7 000 亿元，城市污水和垃圾处理投资超过 8 000 亿元。

在我国，移动互联和大数据不仅给生产经营带来了巨大变化，也给人们的生活方式带来了巨大的变化。现在我国的手机用量达到了 13 亿部，是全世界最多的，移动互联用户达到 5 亿户，也是全世界其他任何一个国家都不能比的。据测算，我国 2015 年移动支付的交易规模超过 1.5 万亿元，每年增长将近 100%。加上云计算、搜索引擎、移动终端、传感器的普及，一个大数据时代扑面而来，会给连云港的产业带来一次根本性的变革。

10.2.2 “一带一路”交汇点的核心区

新经济常态下，全球市场环境发生巨大变化，国际分工重组、全球性产能过剩、国际贸易和投资规则重构、新兴经济体在现有多边治理机制的份额与话语权有所提升、全球产业技术创新孕育重大变化等都在呼唤中国新的开放战略（汤敏，2015）。从“融入全球价值链（GVC）”上升到“构建国家价值链（NVC）”成为新经济常态下的国家战略选择（刘志彪，2014）。中国经济已形成两个具有鲜明特色的“中心-外围”格局，即发达国家与中国东部地区的“中心-外围”格局以及东部地区与中西部地区的“中心-外围”格局（张蕴岭，2015）。当前全球经济由两条南北线主导，占据全球 75% 以上的经济总量：一条是大西洋的南北线，主要是美欧；另一条是太平洋的南北线，主要是中日韩和东盟等。丝绸之路经济带成为连接亚太经济圈和欧洲经济圈的重要东西向经济带（郑江淮，2014）。“一带一路”（丝绸之路经济带与 21 世纪海上丝绸之路）包括国家有 65 个，人口是 44 亿，占全世界人口的 63%，预计未来 10 年，整个出口将会占 1/3，成为世界经济增长第三极（古龙高，2014）。“一带一路”本质是两个

“中心-外围”格局下建设国家价值链的新开放战略平台。通过统筹国内国外两个大局，借由资本输出、产业输出实现经济版图扩大、国内经济结构升级，形成陆海统筹、东西互济的全方位开放新格局（卢进勇，2015）。

2014 年 12 月习近平总书记在江苏考察的讲话中就明确了江苏处于“一带一路”交汇点的地理位置。处在中国沿海经济带、长江经济带和丝绸之路经济带交汇点的江苏，成为构建“H”形全球经济大格局的关键节点（李学勇，2014）。国家将徐州和连云港确定为“一带一路”重要节点城市，其中连云港被确定为“一带一路”的战略交汇点，处于连接新亚欧大陆桥产业带、亚太经济圈、环渤海经济圈和长三角经济圈“十”字节点位置，在“一带一路”格局中占有特殊重要的位置（杨省世，2015）。

（1）优势条件

连云港作为国家规划的新亚欧大陆桥经济走廊节点城市，同时又是中亚、西亚地区出海依靠的港口城市，已经具备“天时”“地利”“人和”诸多优势条件，是“一带一路”建设最为重要的港口城市之一。但是，我们也要看到连云港在未来“一带一路”建设中仍然面临重重困难——经济周期的挑战、政府债务的压力、产业联动的瓶颈、激烈的竞争。

客观上讲，连云港在“一带一路”建设中确实占据了天时、地利、人和的诸多有利条件，这是这个港口城市能够倍受江苏省政府和市场投资者关注的原因。

①天时，即多项政策红利有利于“一带一路”建设。连云港的“一带一路”政策支持涉及区域合作、产业转型和港口建设三个方面，全面覆盖，未来值得关注。目前江苏沿海发展已被国务院列为国家战略，而该区域战略的落脚点在“以连云港深水大港为重点，加强基础设施建设”。此外，国家东中西部合作示范区有利于未来进一步加强连云港与中西部地区联系，促进港口贸易与区域合作；国家创新型试点城市对于发展高新产业、实现产业结构升级具有推动作用；入选首批进境粮食指定口岸可进一步扩大港口粮食货种贸易。未来，连云港还计划在综合保

税区、自由贸易港区的申报上实现突破。

②地利，即东方桥头堡成为中亚与日韩的最佳运输港口。向西看，连云港是新亚欧大陆桥的东方桥头堡，是中亚等国家的主要出海口。与第一亚欧大陆桥（西伯利亚铁路）相比，新亚欧大陆桥具有运输距离短（比西伯利亚大陆桥缩短陆上运距约 2 000 千米）、沿线地理位置和气候条件更优越（避开了高寒地区，港口无封冻期，可一年四季作业）、辐射面更广等优势，因此自 1992 年 12 月 1 日正式开通以来贸易量发展迅速，而连云港港口承担了整个陆桥 90% 以上的国际过境箱量。向东看，东临韩国和日本，连云港与日韩等国家的传统经贸合作密切，日韩的货物从连云港口岸进行陆路运输距离最近、最具优势。由于海运和陆运的距离短，日韩企业把连云港作为货物进出中亚市场的最佳港口，将大量电子产品和机械设备经连云港港口发往哈萨克斯坦等中亚国家，中亚地区也经由该线路对日韩出口贸易，由此形成了大循环运输格局。

③人和，即与中亚贸易伙伴关系良好，政府推动“一带一路”建设规划。从对外关系来看，连云港与中亚的长期贸易关系合作发展较快，尤其是与哈萨克斯坦的贸易关系极为牢固。在中国与中亚的贸易中，中哈贸易占比超过 70%，而连云港与哈萨克斯坦有着持久友好的合作关系，在中哈贸易合作中发挥了重要作用。连云港每年承运中亚 50% 的过境箱业务，已与哈萨克斯坦形成阿拉山口和霍尔果斯“一港二线”的运输格局。2014 年前 4 个月，连云港至霍尔果斯班列运行 100 多天，达到日均近 1 列的规模，使得过境运量达到 2.9 万标箱，同比增长 17.4%。

从政府决策看，连云港市政府无疑是推动“一带一路”建设最为积极的地方政府之一。在“一带一路”沿线各港口城市中，连云港是第一个出台地方版“一带一路”方案的地级市，并且在江苏省的地方两会报告中明确强调其“一带一路”交汇点地位。

（2）挑战和压力

尽管占据了天、地、人诸多有利条件，连云港要在未来“一带一路”建设从诸多港口城市，特别是与宁波、泉州、厦门、广州等的竞争中脱颖而出，抢占“一带一路”出海口制高点，仍面临不少困难，主要体现在四个方面：经济周期的挑战、政府财力的制约、产业联动的瓶颈、港口竞争的压力。

①经济周期的挑战。港口经济的周期属性决定了港口城市与资源型城市相似，很容易受到经济周期波动的影响。而与其他“一带一路”港口城市相比，连云港的货物贸易主要以大宗商品为主，主要货种为煤炭、金属矿石、粮食、钢铁、氧化铝，进一步放大了这座城市经济的周期波动性。2012 年以来国际大宗商品市场进入调整阶段，原油价格暴跌，随后其他大宗商品如铜、铁矿石、橡胶与大豆等均开始回落，BDI 指数连续低迷，对连云港港口以及城市经济造成不小的下行压力。2014 年连云港 GDP 增速 10.3%，较 2012 年 12.7% 下滑 2.4 个百分点。

②政府财力的制约。城市经济存量相对较小，政府财力有限。2014 年连云港地区生产总值 1 920 亿元，在同类港口城市中处于中下游水平，仅相当于厦门的 3/5、宁波的 1/4。同期连云港公共财政预算 261.8 亿元，而厦门、宁波的财政收入都在连云港的 2 倍以上。政府财力较弱，花小钱办大事是未来连云港城市发展要解决好的重要问题。

③产业联动的瓶颈。从产业结构布局来看，目前连云港农业比重过大、现代服务业比重偏小，很难有效支撑未来新型港口城市的快速发展。2013 年连云港第一产业占比高达 15%，第三产业仅占地区生产总值的 40%，明显低于其他港口城市，经济发展潜力未被充分发掘。从产业区位布局看，“港”“产”“城”分离的城市发展模式的弊端也逐步凸显。连云港把远离港口 30 多千米的新海内陆城区作为中心城区，导致现有的中心城区与“港口”这一核心资源出现空间上的脱节，难以发挥协同效应。

④港口竞争的压力。除了以上三个自身的发展遗留问题外，连云港在“一带一路”建设中还面临着来自外部同类城市的竞争。首先，所谓天、地、人的优势放在“一带一路”港口城市中比较会发现，基本都处于同一起跑线上。无论政策红利还是地缘优势，连云港与宁波、厦门等相比，优势并不突出。其次，港口底子薄，贸易规模偏小。第一，港口基础设施薄弱，码头长度偏短，泊位数不足。与规模较大的宁波-舟山港和广州港相比，连云港的码头长度和泊位数远小于竞争对手，反映了

连云港港口基础设施上的薄弱，对贸易规模的扩张产生一定的限制。第二，港口贸易总体规模偏小，增速较慢。2014 年前 11 个月连云港货物累计吞吐量为 18 065 万吨，吞吐量规模在几大港口城市中居中下水平，远低于宁波港（80 398 万吨）和广州港（43 814 万吨），与厦门港（18 684 万吨）基本处在同一水准，高于泉州港（10 237 万吨）。从年货物吞吐量增速上看，连云港货物吞吐量 2014 年前 11 个月累计额与 2013 年同期相比增长 4%，在几大港口中增速最慢，与泉州港（4%）持平，低于宁波港（7%）、厦门港（7%）、广州港（5%）等。最后，现有交通基础设施较薄弱，港口集疏能力受限。与其他几大港口相比，连云港目前的交通基础设施还较薄弱，铁路上仅依靠东西走向的陇海铁路，未形成铁路网络，与南北缺乏联系；公路上高速公路基本形成网络，贯穿南北东西，但密集程度不高；航空运输上现有白塔埠机场规模相对较小，国际航班欠缺。

10.2.3 长江经济带建设

长江经济带应当也完全可以成为我国的“经济脊梁”。它涵盖 9 省 2 市（直辖市），辐射 1/5 以上国土面积，聚集全国 40% 的经济总量，直接带动 6 亿人口。它横向连接东中西三大经济地带，纵向有京沪、京九、京广、皖赣、焦柳等南北铁路干线穿越，是我国重要的工业走廊之一，集中了钢铁、汽车、电子、石化等现代工业，同时城市密集、市场广阔，因而具有得天独厚的综合优势：一是区位和交通优势；二是资源和产业优势；三是科教人才优势；四是对外开放优势。

建设长江经济带，其实已有 30 年左右的呼吁和谋划。早在 20 世纪 80 年代，我国著名经济地理学家陆大道就提出“T”字形发展战略。2013 年，长江经济带建设重提议程。习近平总书记在湖北考察时指出：“长江流域要加强合作，发挥内河航运作用，把全流域打造成黄金水道。”随后，李克强总理在有关报告上批示：“依托长江这条横贯东西的黄金水道，带动中上游腹地发展，促进中西部地区有序承接沿海产业转移，打造我国经济新的支撑带。”此后，在经过半年多深入调研基础上，国家发改委牵头提出了《依托长江建设中国经济新支撑带指导意见》，现已上升为国家战略。

江苏地处长江下游，通江达海，扼守门户，紧邻上海，远接重洋。江苏的区位优势集中表现为“靠江靠海靠上海”。江苏自然资源相对贫乏，一条长江就是最宝贵的资源——长江横穿江苏东西 425 千米，赋予江苏 1 175 千米岸线资源和 369 千米的深水航道，沿江地区是长三角名副其实的“黄金江岸”。更加重要的是，江苏是长江流域第一经济大省，2013 年地区生产总值达到 59 161.75 亿元，占全国 GDP 总量的 10.4%，占长江经济带经济总量的 25% 左右。

连云港作为苏北重要城市，搭上了长江经济带新一轮发展的快车。其在长江经济带建设中可以大有作为，具体表现为：

（1）转移转型双方受益，梯度推移区域共进。承接产业转移和推动经济转型，是不同地区在经济发展处于不同阶段时的必然选择。长江经济带把我国经济最发达的东部沿海地区和发展相对滞后的中西部地区连接起来，为沿海地区产业转移和中西部地区承接产业提供了重要契机。沿海地区转移产业、腾出空间，打造经济升级版，中西部地区主动招商、有序引资，相互支撑、相互推动。其实，梯度推移和反梯度推移都是成立的，下活区域经济协调发展新棋局，就能实现资源共享、优势互补。

（2）以江北与江南两岸互动为契机，促进苏北、苏中与苏南融合互利共赢。众所周知，苏南是江苏经济社会发展的排头兵，是“两个率先”的先导区，但江苏有必要深化沿江开发，推动苏北、苏中与苏南跨江对接，突出融合发展、特色发展、绿色发展和转型发展，提升苏中整体发展水平，并带动苏北协调发展。连云港是苏北重要城市，是我国中西部核心地区借船出海的交通枢纽，它们对外贸易的海上运输，将在连云港完成要素中转。因此，加快连云港与长江经济带流域地区的互动，提升连云港交通战略枢纽地位，才能真正把连云港地区打造成面向全球、沟通亚太、带动中西部地区经济发展的重要引擎。

（3）水运陆运两带兼程，区域发展协同策应。长江经济带和丝绸之路经济带，水陆“两带”都是由东向西延伸，起点都在江苏境内——连云港是丝绸之路经济带的东方桥头堡，与“两带”天然有缘。因此，要抓住重大机遇，立足“丌”形，扩大“辐射面”，连接“交汇点”，积极策应国家“两带”建设，推进自身良性发展。

（4）东向西向双向开放，拓宽舞台放大效应。连云港是我国最早实行对外开放的城市之一。但是，此前的对外开放，基本上是向东走，漂洋过海，抵达美洲。今后，长江经济带向西与丝绸之路经济带汇合后，就可以形成东西双向开放的新格局。目前，长江货运量已位居全球内河第一，而其中 75% 又集中在江苏段。连云港可积极寻求与长江流域四大航运中心之一的南京对接，使其对外贸易通过水陆“两带”直达欧洲和非洲。

10.2.4 国家东中西区域合作示范区

2011 年国务院批准在连云港设立国家东中西区域合作示范区，并正式批复《国家东中西区域合作示范区建设总体方案》。这是中国进一步加强区域合作、促进区域协调发展的又一战略决策。根据该方案，示范区的战略定位是：立足连云港，依托大陆桥，服务中西部，面向东北亚，加强区域合作与交流，推动东中西地区良性互动，全方位拓展开放合作的广度和深度，以徐圩新区为先导区，建成服务中西部地区对外开放的重要门户、东中西产业合作示范基地、区域合作体制机制创新试验区。该方案还为示范区建设拟定时间表：到 2015 年，示范区建设初见成效，服务中西部地区对外开放的能力显著提升；到 2020 年，示范区全面建成，服务中西部地区对外开放的重要窗口功能更加完善。

连云港作为新亚欧大陆桥东方桥头堡，区位优势明显，战略地位重要，是陇海兰新沿线地区便捷的出海口和服务中西部地区对外开放的重要门户，与中西部地区重要城市在物流、产业等方面已建立了良好的合作关系。在连云港设立示范区，有利于充分发挥新亚欧大陆桥便捷的出海通道功能和东中西部地区的比较优势，有利于促进资源跨区域合理流动和优化配置，有利于探索新时期区域合作新途径，对于深入推进西部大开发、促进中部地区崛起、推动东中西地区一体化发展具有重要意义。

10.2.5 国家高新区建设

国家高新区，全称为“中国高新技术产业开发区”。该区域以智力密集和开放环境条件为依托，主要依靠国内的科技和经济实力，充分吸收和借鉴国外先进科技资源、资金和管理手段，通过实施高新技术产业的优惠政策和各项改革措施，实现软硬环境的局部优化，最大限度地把科技成果转化为现实生产力。随着国家级高新区获批，连云港将深入实施创新驱动发展战略，以推进创新创业为核心，以深化改革为动力，全面贯彻落实国务院批复精神，按照布局集中、产业集聚、用地集约、特色鲜明、规模适度、配套完善的要求，立足科学发展，着力自主创新，完善体制机制，努力打造自主创新战略高地、新兴产业核心载体、转型升级重要引擎和创新驱动先行区域。2015 年，《国务院关于同意连云港高新技术产业开发区升级为国家高新技术产业开发区的批复》（国函〔2015〕25 号）正式下发，这是连云港在获批国家创新型试点城市之后，获得的又一块科技创新“金字招牌”。未来，连云港将以高新区为自主创新核心载体，实现创新驱动政策的先行先试，努力开创连云港创新型经济的新纪元。

连云港依托高新区、科技产业园、科技创业园等科技企业培育基地，集成科技资源，建立科技企业培育工作体系，加大对“十百千”入库企业的培育扶持与服务力度，指导入库企业加速获取自主知识产权，加大创新投入，建设高水平研发机构；引导中小科技企业争创高新技术企业、高新技术企业争创创新型领军企业，使入库企业真正成为技术创新主体和产业转型升级主导者。通过 3 年的努力，培育 10 家以上研发实力与创新成果国内一流、产业规模与竞争力位居全国前列的创新型领军企业，200 家高新技术企业和 1 000 家中小科技企业，不断壮大创新型企业集群，延伸产业创新链，支撑高新技术产业快速发展，推动产业结构调整和经济转型升级。

10.3 深化建设的机遇与挑战

10.3.1 发展机遇

（1）多重国家政策在连云港叠加

近年来江苏沿海发展、长三角一体化、东中西区域合作示范区建设和国家创新型城市试点四大国家战略在连云港形成叠加之势，“一带一路”倡议的提出使连云港在促进我国新一轮对外开放格局中的战略地位更加突出。连云港处在丝绸之路经济带和21世纪海上丝绸之路的交汇点上，被确定为新亚欧大陆桥经济走廊的首个节点城市。在共建丝绸之路经济带的大背景下，连云港的功能定位将孕育一次新的蜕变。连云港将通过扩大对内对外、向东向西双向开放，着力突出打造依托大陆桥、服务中西部、面向东北亚、辐射亚欧大陆的丝绸之路经济带陆海交汇枢纽和海上门户、新亚欧大陆桥东方桥头堡、上合组织成员国共同出海口、东中西区域合作示范区、服务亚欧经济走廊的自由贸易港区。

（2）区域合作开创新局面

中国和哈萨克斯坦共和国国际物流合作基地建成启用，成为丝绸之路经济带和21世纪海上丝绸之路首个经贸合作实体项目。连云港全面深化对外合作，与吉尔吉斯斯坦共和国首都比什凯克结为友好城市，与立陶宛共和国交通部签订共建海陆链网合作协议，与巴西淡水河谷公司确立友好合作关系，中韩陆海联运列入全国试点。“一带一路”农业国际合作示范区落户连云港。连云港成功举办首届中国（连云港）丝绸之路国际物流博览会。连云港被国家确定为新亚欧大陆桥经济走廊首要节点城市、中哈物流中转基地和上海合作组织出海基地。连云港至阿拉木图国际出口班列的开通，标志着连云港与哈国铁公司深化合作、扩大共赢，取得了一项新成果，也标志着双方共同推进“一带一路”建设又向前迈出了坚实的步伐。

（3）海岸线资源和港口在我国沿海区域优势明显

连云港地处江苏北部，位于鲁中南丘陵与淮北平原的结合部，是江苏唯一的海滨城市，拥有 176 千米的海岸线，具备丰富的岸线资源和海洋资源，是我国经济国际化与区域经济协调发展的战略要地，连云港港口是我国中西部地区最便捷的出海口，是连接大西洋、太平洋两大洋和美洲、亚洲、欧洲三大洲，沟通世界海陆运输的重要节点，是全国 25 个主枢纽港之一，与上海港、宁波港一起并列为长三角三大主枢纽港。2014 年连云港港口共完成货物吞吐量 21 008 万吨，名列全国第 13 位；集装箱吞吐量 501 万标箱，名列全国第 9 位。港口作为一种资源是连云港最具有特色的优势，“一体两翼”组合港的框架基本形成，服务陆桥沿线地区和丝绸之路经济带国家的能力显著增强。

（4）海陆空立体交通网络比较完善

连云港海陆空交通便捷，港口附近公路纵横，横跨国内东西的连霍主干道与纵贯南北的同三主干道在这里交汇，204、310、327 等国道，宁连、连通、汾灌等十多条省市主干道构成的公路网，使连云港公路密度达 3.3 千米/百平方千米以上，被交通部纳入长江三角洲“半日交通圈”的规划范围。境内有大小干支流河道 40 余条，其中有 17 条直接入海，有盐河等直接与运河及长江水系相通，新墟运河与通榆运河相连，使连云港港口与长江干流水运主通道、京杭运河（济宁—杭州段）水运主干道、淮河等相通，具备联通世界的海河水陆运输体系。白塔埠民航机场多条航线可飞往国内主要大中城市。连云港的综合集疏运条件十分优越，承担着中国 50% 以上、中亚国家 60% 以上的大陆桥过境运输业务。目前连云港已成为中国重要的综合性国际贸易枢纽港，与世界上 160 多个国家和地区的 1 000 多个港口有着密切的通航关系和贸易往来。2015 年 2 月，“连新亚”国际出口班列正式开通，从东亚到中西亚以至欧洲的国际物流大通道进一步畅通。到 2020 年，即将开通的高铁和动车将使连云港交通更为便利。

（5）新兴产业逐步显现影响力

连云港围绕建设国家创新型试点城市，深入实施创新驱动战略，加快推进科技创新工程，重点发展新医药、新材料、新能源、高端装备制造和新信息技术、节能环保、海洋“4+3”战略性新兴产业。作为国家创新型试点城市，一方面，连云港拥有广阔的发展空间、巨大的发展潜力，除已成叠加之势的四大国家战略之外，中国和哈萨克斯坦共和国国际物流合作基地一期工程建成启用，在促进东亚与中亚经贸交流中的战略地位进一步凸显；另一方面，连云港的创新基础日益坚实，充满了创新创业的机会。

10.3.2 发展挑战

（1）边缘化风险不断加大

连云港地处中国东部沿海脐部，北边是环渤海湾经济带，距青岛287千米；南边是长江三角洲经济带，距上海375千米，距南京330千米。连云港位于两大经济圈的交汇处和边缘地带、南北中心城市的中间，接受上海、南京和青岛等大城市的辐射作用较弱，特别是近年来周边城市高铁开通，而连云港至今尚未有高铁通车，进一步加剧了边缘化程度，使连云港在发展中存在不但不能接受辐射，同时还有资金、人才等经济要素被大城市反吸收的问题，连云港经济发展已经开始显现一定的边缘化风险。

（2）逆全球化带来的开放经济压力加大

受全球经济整体进入深度调整期的影响，在全球经济低增长、低通胀、低需求、高失业、高债务、高泡沫，我国经济进入新常态的叠加因素影响下，我国加快了经济结构调整的步伐。随着结构调整，中国超高的对外贸易依存度逐步下降，扩大内需是解决对外贸易依存度问题的根本出路，也是中国经济可持续发展的关键。同时，以美国为代表的逆全球化势力正在给中国对外开放带来影响，特别是最近的中美贸易战，将会带动日本、韩国、澳大利亚以及欧洲国家与我国产生一些贸易问题，由此决定了未来我国对外贸易的增速会下降，依托外贸的港口发展将会受到影响。

（3）支柱产业竞争力还不够强

长期以来连云港支柱产业不够强大，化工、钢铁、医药、食品等支柱产业发展中除了医药以外很少具有持续发展的能力，具有知名度的龙头企业凤毛麟角。目前虽然连云港医药产业有一定规模，但在全国的影响力并不大，与泰州医药产业、东北医药产业、上海医药产业等相比还有一定差距。

(4) 城市发展亮点不突出

①城市布局分散

城市分布较散，没有集聚功能，没有形成独特的城市亮点，大型商业、服务业无法立足。连云港市区由海州、连云、赣榆三个区组成，市中心至连云港港口 35 千米。现在的格局是海州、连云和赣榆三大部分。按照城市发展理论，城市的发展只有在中心城市人口达到一定规模，出现规模不经济的时候，才能逐步向外扩展，而连云港的城市发展在还没有达到规模经济阶段，就将有限的发展要素分散布局，导致整个城市发展无法形成积聚效应，城市、产业无法良性互动，与港口更是无法形成循环推进。

②城市亮点不能相互衔接

在连云港市区版图中，海州、连云、赣榆三个区各自都有一些特色和亮点，但连云港一直缺少一条亮丽的城市主干线将这些亮点连接起来，城市亮点互相独立、相互分割，不能有效整合。

(5) 科技资源有限

由于历史等方面的原因，连云港拥有的高等院校、科研机构、科技研发平台数量非常有限，技术创新活动的知识、技术支撑条件和高新技术产业化的基础包括各类社会基础设施，如信息、网络等，各类从事研究开发的基础机构（如重点实验室、工程中心、高校及科研院所）与本地产业的融合程度以及科技基础条件平台的建设都比较落后。科技创新的人文环境如科技创新氛围（包含对科技人员的理解、信任和尊重），对科技人员的自我实现所提供的价值体系、观念意识、舆论导向和行为准则还非常缺乏，企业和科研机构作为科技创新的主体意识不强，政府直接参与的职能以及以市场为导向的利益激励机制不健全。科技创新人才严重不足。科技中介服务、技术市场的交易活动和金融服务构成的科技创新市场不发达。城市比较优势不能形成内生的自我增强机制。

(6) 缺乏城市创新文化

从地理位置上看，连云港处于南北分界线，介于齐鲁文化和吴越文化的汇集点上，千百年来也形成了自己特有的山海文化，但缺少北方人的豪爽、果断，又不具备南方人的精明、干练。这种传统文化使得连云港在多次历史机遇面前，没有对传统文化进行大力提炼和改造，未能培育创新文化、塑造城市气质、凝练城市主题文化。纵览世界上取得辉煌发展成绩的城市，都能提炼出自己的特有文化气质、文化特性，与经济建设相辅相成、相得益彰。

10.4 深化建设的总体目标

10.4.1 目标依据

党的十八大明确提出 2020 年当中国全面建成小康社会时要进入创新型国家的行列。江苏提出建设创新型省份的目标就有率先建成创新型省份的要求。如何评价一个国家或一个城市成为创新型国家或者创新型城市，既有先进国家的国际标准，又有理论上的科学界定，还要结合我国的实际情况，需要综合起来，研究客观的评价标准。科技进步对经济增长的贡献率大幅上升，是进入创新型国家行列的基本要求，也是创新型城市建设的应有之义。

创新型城市的主要标志是高强度的创新投入。从创新型国家标准来看，日本和美国的 R&D（2007 年）投入分别占其 GDP 的 3.44% 和 3.68%，瑞典和芬兰（2007 年）也都超过了 3%。作为率先建成创新型省份的江苏，其研发投入的比重应高于创新型国家的平均水平（2%），以 2.5% 左右作为 2015 年目标值。此外，提升创新能力不仅要求足够的经费投入，还要有足够的从事研发的人力投入。

创新型城市的另一标志是高水平的创新产出。科技进步贡献率是各类创新产出对经济增长作用的综合反映。科技进步对经济增长的贡献率大幅上升，是进入创新型国家行列的基本要求，同样也是成为创新型省份和城市的基本要求。目前，美国、日本平均科技贡献率已达到 80% 左右，英国、法国、德国等西欧国家为 50%~60%。根据资料统计，我国目前的平均科技进步贡献率为 30%~40%，即使是创新能力处于全国前列的江苏也才 50% 多一点。江苏科教资源最为丰富，按照目前创新型省份的算法，其科技进步贡献率目标应设定在 60% 以上。

根据省内发达城市（如苏州、常州等）的创新型城市建设经验，其实现“区域创新体系高效运行，创新要素高度集聚，产学研协同创新平台广泛分布，创新活动极为活跃，创新成果源源不断，战略性新兴产业形成集群”是因为具备了三个方面条件：第一，真正由投资驱动转向了创新驱动，实施创新驱动发展战略，建立起了系统完备的激励创新制度。第二，尽管科教资源基础薄弱，但通过有效的机制和完善的平台吸引到了丰富的科教资源。第三，规模以上工业企业绝大多数均已成为技术创新的主体。

参照上述江苏和省内发达城市创新发展目标和建设经验，结合苏北和连云港的创新资源禀赋实际情况，第一步应以当前发展态势为基准，第二步应以江苏平均水平为目标，第三步应以苏州、常州为标杆。相比较其他城市，连云港能够实现三步走的成功概率较高：一是在连云港进行科技创新，成功的概率较高，能持续产出一批进入国际前沿的基础研究和应用性研究成果。二是在连云港进行科技创业，成功的概率较高。三是在连云港进行科技创新成果转化，成功的概率较高。

10.4.2 目标设定

结合连云港发展实际，今后连云港国家创新型试点城市建设的发展目标是抓住用好“一带一路”交汇点的核心区建设重大机遇，坚持稳中求进总基调，以创新驱动为主线，计划 2020 年按照全国先进标准将连云港打造为现代化国际海滨创新型城市。总体上，将按照“三步走”的方针加以推进。

（1）第一步

到 2015 年年底，创新型县区、创新型园区和创新型乡镇均进入国家级和省级试点，基本建成国家创新型试点城市。

围绕上述目标，其实现核心指标有：全社会研发投入占地区生产总值的比重达 1.8%，每万名劳动力研发人员数超过 35 人，万人发明专利拥有量达 3 件，科技进步贡献率达 52%；新兴产业增加值占地区生产总值的比重达 14.3%，高新技术产业产值占规模以上工业总产值的比重达 39.5%，高新技术企业达 150 家；居民科学素质达标率超过 7%，现代教育发展水平达 85%，信息化发展水平达 83%，环境质量达省定小康标准。第一步的发展目标已经达到。

（2）第二步

到 2018 年年底，全面建成国家创新型试点城市，达到苏北先进水平，多数核心指标位于苏北前列。

围绕上述目标，其实现核心指标有：全社会研发投入占地区生产总值的比重达 2.5%，每万名劳动力研发人员数超过 45 人，万人发明专利拥有量达 5 件，科技进步贡献率达到江苏省平均水平；新兴产业增加值占地区生产总值的比重达 15%，高新技术产业产值占规模以上工业总产值的比重达 45%，高新技术企业达 200 家；居民科学素质达标率超过 8%，现代教育发展水平达 90%，信息化发展水平达 85%，环境质量达省定小康标准。

（3）第三步

到 2020 年年底，科技创新支撑效果更强，区域创新能力提升更快，国家创新型试点城市建设水平更高，达到省内先进。

11 连云港国家创新型试点城市深化建设的模式与对策

今后连云港创新型城市建设应紧紧围绕创建工作“三步走”的奋斗目标，树立追赶标杆的目标，借鉴常州、无锡等城市发展模式，以重点工程为抓手，打好“资源、要素、成果”三张牌，直面问题，总结经验，创新思维，强化保障，努力走出一条具有连云港特色的“一核两驱三支撑”的国家创新型试点城市深化建设之路。

11.1 发展模式

11.1.1 狠抓一个核心，突出企业创新的主导作用

（1）加强培育科技创新型企业

着力培育以创新型企业、高新技术企业、民营科技企业为骨干的创新梯队，在项目申报、政策落实、人才引进、条件保障等方面做好全方位服务。进一步规范高新技术后备企业的认定工作，积极推荐市级高新

技术企业申报认定省级高新技术企业，进一步加强国家级高新技术企业申报的辅导培训，健全完善市县区、科财税联动，咨询评估、知识产权等中介机构积极参与的高新技术企业培育体系。推进企业研发机构总量和建设水平双提升，实现大中型工业企业研发机构全覆盖、大中型高新技术企业省级研发机构全覆盖，实现规模以上企业研发机构全覆盖。

（2）加快推进企业研发机构建设

大中型企业在推进技术创新中具有资金实力、技术力量、信息来源等方面的优势，要鼓励和支持企业建立技术开发中心，重点扶持一批行业技术突出、实验设施齐全、主攻方向明确的企业技术开发中心办出特色、提高水平。行业龙头企业要瞄准国际国内同行业先进水平，高起点推进企业技术中心建设，提高自主研发能力，促进技术成果的有效转化。支持有条件的企业积极参与或承担各类科技计划，探索建立由企业牵头实施重大科技项目的机制。

（3）积极培育企业知识网络能力

企业知识网络能力是企业识别知识网络价值与机会，规划、维护和更新各层次知识网络关系的动态能力。一方面，要配备一定物质资源，安排一定的人员、财务预算和产品设备等作为产学研交流活动支持的保障；另一方面，要努力在产学研合作创新网络内设计一种知识共享的机制，以吸引更多网络主体在研发信息、管理信息以及知识创新等方面的共享。

（4）不断完善企业自主创新激励机制

一是完善企业的工资奖金分配制度，充分调动公司员工创新积极性。要合理拉开科技人员之间的收入差距，充分发挥企业薪酬的竞争激励机制。二是针对企业经济管理者采用多种激励方式并提高激励水平。根据连云港欠发达地区企业家整体综合素质不高、创新意识不强的现状，政府应大力开展各种方式的培训与专业教育，如政府聘请专业讲师进行管理者培训，政府以助学补贴的形式支持江苏企业家参与在职培训、攻读工商管理硕士等。三是培育有利于创新的企业文化。连云港的大量企业还处于成长阶段，人才容易流失，要从企业文化层面下大力气，注重氛围留人，推动企业自主创新能力提升。四是重视非物质激励。大力推进非物质激励来弥补企业资金紧张的问题，如科技人员除了注重物质激励外，更加注重专业能力的提高。企业应积极组织员工进行在岗教育，提高技术水平、专业能力；为科技人员提供创新配套设施、试验设备等便利条件。

11.1.2 强化两种驱动，实施人才与市场双轮驱动

（1）创新人才驱动

①加强高层次创新型人才队伍建设。要围绕连云港经济社会发展重大战略，面向科技创新的关键领域，集成省高层次创业创新人才引进计划、国际科技合作计划等政策和经费，面向全国和海外，大力度引进一批与区域优势特色支柱产业所需要的高层次人才和科技领军人物，带动一批重点产业的创新水平进入国内一流或国际先进行列。要坚持不求所有、但求所用，通过提供创业载体、完善收益分配办法等措施，吸引高层次人才、海外智力来连云港创新创业。要大力推进高端人才的柔性流动，鼓励合作各方高层次人才相互兼职或挂职，引导其向企业流动，向创新一线集聚。

②加强专业人才队伍建设。充分发挥企事业单位引才引智的主渠道作用，积极引进重点行业的紧缺人才。引导企业与大中专院校联姻，采取委托培养、定向培养、专业培训等多种方式，加快培养创新型专业技术人才和团队。同时，要加强企业家队伍建设，通过积极开展培训等方式，增强他们的合作创新意识，提高领导和组织创新的能力，发挥他们在科技创新合作中组织者和推动者的作用。

③健全人力资源服务体系。加强专业技术人才库建设，为企业提供高层次专业技术人才。完善人才培养体系，积极发展职业技术教育，推动企业与职业院校和技工学校的合作，建立劳动力培训基地，有计划地开展订单式培训。加强劳动力招聘工作，积极举办面向外商投资企业的专场招聘会，满足企业对不同层次、不同类型人才的需求。

④加强人才激励，努力营造有利于人才干事创业的良好环境。要密切关注国内外人才竞争的发展变化，学习借鉴先进地区人才工作的经验做法，构建以人才评价、培养、激励、流动为主要内容的人才政策体

系。对符合有关政策规定的高层次人才，在配偶就业、子女上学、住房等方面给予优先安排或资助，并提供一定的科研条件。对初到连云港创业或短期及兼职工作的各类创新人才提供高品质、低租金的人才公寓。

（2）市场导向驱动

①加强政府和市场对技术创新活动的正确引导。通过对连云港技术创新能力的分析可知，没有政府和市场的正确引导，区域技术创新能力无法实现提升效果。政府有关部门在技术创新体系中需要充当技术创新活动的服务者和组织者，通过分析市场经济规律，完善经济运行环境，为技术创新活动提供强有力的服务，做到对技术创新活动正确引导，支持鼓励技术创新活动。政府对市场进行积极引导，使得市场为技术创新活动在人才、物质、资金以及技术创新成果的转化方面提供便利，充分发挥市场对资源的配置功能，为技术创新活动的顺利开展、实施和转化提供有力支持。

②大力发展技术市场，促进技术成果转化。建立并完善技术成果交易市场，同时培育相关中介机构，如技术成果鉴定机构、技术经纪所、法律合同技术委员会等；建立健全技术市场的制度法规，使市场机制充分发挥作用；健全科研体制，加大基础研究的投入力度，加大引进相关科研院所及研究机构，推动产、学、研、用紧密结合，为技术市场的快速发展奠定技术基础；政府应推动商品数据库的建立，使各个区域科技市场共享资源，联合协作；大力发展技术市场的相关配套产业，如科技咨询业，为企业自主创新活动提供智力、信息支持，并把获得的科技创新需求反馈给政府和科研机构，使科研机构的创新行为更加具有针对性。

③积极开拓企业家人才市场。目前，企业家人才市场尚未建立，企业经营管理者大部分未经过专业化培训，缺乏创新意识。因此，要积极推进企业家人才市场的发展，培育专业化、市场化的人才队伍。第一，规范企业家人才市场的体制机制，积极推进市场周边配套行业发展，使企业家人才市场快速、规范、有序发展。第二，政府牵头建立企业家资格标准，大力发展职业经理人制度，并积极探索企业家业绩考核指标，使企业家行为市场化。第三，积极建立企业家人才数据库以及企业需求

数据库，使企业家人才市场更加具有效率。

④完善发展科技人才市场。现阶段尚未形成独立的科技人才市场，政府应制定政策规划对其加以培育和完善。第一，充分发挥市场机制的作用，利用价格发现功能使科技人才的能力和薪酬成正比，通过市场竞争机制的作用，使科技人才不断提高自己的知识水平和业务能力，提升自身的价值。第二，政府应通过社会氛围的培育，使科技人才转变思想，卸掉“求平、求稳”的思想包袱，挖掘自身潜力投入到创新活动中来。第三，政府应大力推进人事制度、户籍制度改革，并探索与其他区域人才合作机制，使科技人员在苏北以及江苏境内自由、合理流动，为市场机制的形成创造条件。

11.1.3 夯实三项支撑，构建三位一体的强力保障

（1）有效投入支撑

提高 R&D 经费投入，是保障技术创新活动顺利开展的基本条件，需要建立以政府财政投入、企业科研投入以及社会投入等为主体的多元化、多渠道的技术创新投入体系。

①提高政府财政投入，确保 R&D 经费投入的稳定性。政府财政投入是技术创新活动的稳定资金来源，通过扩大科技相关专项基金的形式，来支持企业重大的具有自主知识产权的高新技术研究，鼓励社会各界公益研究和科技成果转化，以及高等院校的技术创新人才培养和研究。

②努力推进企业成为技术创新活动费用投入的主体。企业要发挥能动性，自主加大技术创新费用投入，使得企业成为经费投入的主体。企业更了解技术创新活动过程中哪些环节需要加大资金投入，哪些环节无须浪费资金，有科研能力的企业应该在一些共同性、关键性以及前沿性的重大科技问题的研究和转化方面加大投入力度，促进技术创新活动的顺利开展。

③鼓励和引导社会各界资金投入，创造更多的 R&D 经费来源。社会的发展使得风险投资成为许多高新技术产业发展的助跑器，风险资本的投入给技术创新活动带来生机和活力。连云港技术创新经费的短缺需

要通过风险投资公司的资金来缓解。为此，应积极探索，政府发挥主观能动性，充分吸收来自国内和国外的各项投资，从而加大对技术创新活动的支持。同时，各种金融机构应该充分发挥金融经济的作用，通过开发新型信贷产品，增加对技术创新活动投资渠道，改善金融机构信贷服务，为技术创新活动提供更多的资金支持。

（2）服务体系支撑

①完善技术中介服务机构。第一，完善技术交易手段，建设网上技术交易中心，打造一个项目丰富、中介活跃、交易手段先进、创新成果与创业资本直接联通的交易平台，为中小企业提供全方位服务的科技交易市场。第二，提高技术信息服务能力。技术创新成功必须有丰富、准确、及时的技术信息，要根据高新技术的发展趋势，建立一个政府主导，高新技术企业、科研机构和高等院校共同参与的技术信息服务体系。第三，加强技术推广服务。基础研究转化为先进技术，再经技术推广开发出产品，关键就在于技术推广。市县各级应建立健全技术市场，做好技术推广服务工作，加强高新技术产业开发区建设，推广有效的创业中心模式，扩大民营高新技术企业孵化器的建设，促进产业集团化、群体化，逐渐形成区域创新体系。

②做好政、产、学、研、用一体的技术创新体系。要做好高新技术企业、高等院校和科研机构的有效结合，在政府的干预下，鼓励高等院校培养技术创新人才，支持科研机构技术创新活动，扶持企业将高新技术投入生产，充分发挥好企业、高等院校和科研机构三者的作用。一方面，可借鉴美国“科研-技术-生产”模式，要充分挖掘和利用整个区域内甚至跨区域的高校、科研院所的科技优势，与企业的物质生产要素有机结合，区域内企业可以依靠科研机构、大学等为创新的“智库”，促进区域创新能力提升；另一方面，区域内大多数科技产品的研制和开发工作均在高校和科研院所进行，由企业实现与市场的对接。此外，政府要出台鼓励企业同高校、科研机构加强合作联系的相关政策，推进产学研结合，提升企业开发新产品和新技术的能力，促进科研成果产品化，引导企业根据自身实际，同国内的高校及科研机构建立长期稳定的合作关系，有计划地为高校、科研机构的学术交流活动提供条件，定期

组织相关成果发布活动等。

③加强区域间的科技合作，进一步缩小地区差距。为避免重复研究，不能闭门造车，要与较发达地区进行技术和经济的交流和合作，学习它们提高技术创新能力、将技术创新成果转化为现实生产力、以技术创新促进区域经济发展的经验，本着合作发展、优势互补、互利互惠和注重实效的原则，建立地区之间技术大联盟，推动区域间技术和经济的合作与交流，形成优势互补、布局完善的产业体系。如利用省振兴苏北政策，把科技向苏北的转移落到实处；依托“一带一路”积极推进与中亚国家的科技合作，加快推进核电公司、新医药企业国家国际科技合作基地建设；进一步深化推进东中西区域创新合作，建立东中西产学研合作联盟；支持各类开发园区引进著名高校、研究机构、大型跨国公司入园设立技术转移机构、成果转化基地和地区总部；支持创新型领军企业到海外建立或兼并研发机构，就地消化吸收国际先进技术；支持国际学术组织、产业组织和公益组织等到苏北搭建创新交流合作平台；建立区域科技资源共享服务平台，引导科技研发和中介服务机构集聚，构筑服务中西部地区产业发展的技术合作和交易平台；加快提升资源性产品加工技术水平，强化与重点产业聚集区的战略合作，构建区域间产业创新发展协作体系等。

④促进技术创新成果的产业化。连云港技术创新成果的产业化较低是导致区域技术创新能力低下、经济发展模式落后的重要原因。有关研究显示，西方发达国家的技术创新成果产业化率在60%～80%之间，我国的技术创新产业化率为9%左右，连云港的技术创新产业化率则远远低于9%，并且存在转化成果周期长、质量低和转化速度慢的现象。技术创新成果产业化过程需要促进技术创新商品交易、促进技术创新成果转化为生产力的中介人和中介组织，要建立并逐步完善一系列的技术创新市场服务体系，这个体系包括科技成果交易中心、技术市场促进中心、技术经纪所、知识产权事务中心等。

（3）创新环境支撑

①汇聚全市的创新力量。创新型城市建设是一项系统工程，不单单是科技部门的事情，更需要全市各部门、各县区、高校院所、企业和各

类市场主体的共同参与和积极推动。要充分利用好科技经费、考核等指挥棒，全面调动各方积极性，唱响建设“创新城市”大合唱。要着力构建以政府为主导，让各方力量聚集、聚合、聚变的城市创新体系。

②创造良好的政策环境。第一，争取更多的省级层面政策扶持。早期在政策倾斜下，苏南得到了飞速发展，而苏北作为政策边缘区，虽有后来的区域共同发展、苏北大发展、建设沿东陇海产业带和加快苏北振兴等战略，但要弥补苏北与苏南的巨大落差无疑是极为困难的。因此，应积极向江苏省委、省政府寻求创新型城市建设政策层面上的更大扶持力度。第二，制定企业自主创新宏观促进政策。从政府补贴方面支持企业自主创新活动，如政府可针对重点立项的自主创新项目进行直接补贴；政府可从财政预算以及企业的净利润中拨出一部分经费建立自主创新基金，利用风险基金的运作方式，促进企业进行自主创新。

③加强对自主创新的金融扶持力度。连云港企业自主创新总体上处于起步阶段，因此对资金的需求很大。政府要做好资金对接工作，如对涉及急需及关键领域的自主创新项目进行重点扶持，在贷款条件方面给予优惠，允许其长期限、低利率贷款，对于银行以低利率贷放出去的贷款通过财政贴息以保证银行信贷的获利；建立完善的创新风险保险机制，使财政与银行、保险公司联手，共同投资和分担风险；商业银行可在每年制订的贷款计划中分配一定的配额用于企业自主创新项目的支持，专款专用，为企业创新项目建立稳定的融资渠道；加大科技贷款扶持力度，不断增加科技贷款总量，及时调整科技贷款结构。

④完善制度环境建设。政府要不断强化服务职能，完善和制定促进创新活动和技术进步的政策法规，加大对企业、高校和科研机构创新活动的扶持力度等，规范创新企业和科研院所行为符合市场经济和法律要求。创新体制机制，加快管理体制改革。完善科技计划体系设置，强化知识产权和人才导向，突出对企业创新的支持，建立健全竞争性经费和稳定支持经费相协调的投入机制，加大奖励配套力度。完善科技评价制度，建立以绩效为目标的科技计划分类评价机制和第三方评估制度，将评价结果与项目立项、经费分配和信用管理挂钩。

⑤建立健全知识产权制度，深入实施知识产权战略。加强知识产权

管理体系建设，快速提升专利申请量和授权量，培育企业专利大户，推动国家知识产权试点城市建设。加大知识产权预警分析的支持力度，开展重点领域、重点产业知识产权预警机制研究。建立知识产权维权援助机制，设立连云港知识产权维权援助平台，支持市场主体依法应对知识产权侵权纠纷，重点加强对中小企业涉外知识产权纠纷的援助。完善知识产权资助奖励政策，重点支持发明、实用新型专利申请与授权及 PCT（合作条约）专利、地理标志、商标注册的申请，加快提升知识产权产出的质量和水平。鼓励建立知识产权运营公司，开展专利投融资、价值分析等服务，促进知识产权实现市场价值。建设知识产权公共服务平台，大力培育本地知识产权服务机构，积极引进省内外知名知识产权服务机构到连云港设立分支机构，推动建设知识产权服务中心，形成公共资源共享、配套设施齐全、服务项目齐备的知识产权服务集聚区。

⑥努力营造有利于自主创新的社会文化氛围。完善城市的创新创业环境，激发全社会创新创业热情。加大政府对创新成功的企业家和科技人员的激励和宣传力度。改造传统文化观念，提倡和塑造创新文化。

11.2 发展思路

连云港要提高创新型城市的建设水平，必须针对现状、找出差距、细化标准，建立起多目标体系。在理清连云港产业结构和经营现状的基础之上，借鉴广东省和深圳市的发展经验，按照紧抓“创新主体、创新环境、创新绩效”三个大项指标的发展思路，大力度增加创新投入和提高创新能力以加快弥补发展差距，同时完善创新环境，保持比较优势。一是创新主体不断增加，实现突破性进展。同时不断强化企业的创新主体地位，尤其是大力发展科技型中小企业。二是创新环境在很大程度上影响了创新型城市的建设，而政府应该在创新环境的建设中担当主角。科技政策体系等创新环境指标应不断改进，且配套设施不断完善。创新基础条件、文化环境等应持续优化。三是创新绩效是创新型城市建设的落脚点，也是检验创新型城市建设的重要标准，各项政策和措施要围绕创新绩效的提升予以制定，如创新产出规模大、质量高，科技进步贡献率和万人专利拥有量等应显著提高。

11.3 实施路径

建设国家创新型城市涉及面广、任务繁重，既要统筹兼顾全面推进工作，又要聚焦关键强力攻坚突破。因此，要重点打好“三张牌”。

11.3.1 打好“创新资源集聚牌”

坚持以“包容天下”的胸襟加大科技招商力度，加速高端创新资源集聚，构筑区域创新竞争比较优势。要牢固树立人才是第一资源的观念，大力实施“三百引才”工程，进一步健全和完善人才激励机制，面向省内外引进一批高端创新人才、行业领军人才和急需紧缺人才。争取引进一批科技项目、转进一批科技成果、吸引一批科技人才。要进一步强化国家级经济技术开发区、高新技术开发区、农业科技园区以及大学科技园等创新载体平台建设，加快提档升级步伐，提升科技“含金量”，做到每个园区都要有一个主导产业、一幢公共研发大楼、一批高校院所技术转移中心，切实提高创新资源集聚的承载力。要加大连云港“科创城”建设力度，将其打造成为全市科技创新的核心区、科技服务的示范区和科技成果转化的源头区。

11.3.2 打好“创新要素激活牌”

要通过改革释放港城每个人、每个主体的创新创造潜能，让创新的“血液”在全社会充分涌流。要强化企业创新主体地位，充分发挥政府投入“四两拨千斤”甚至“拨万斤”的作用，在用足用好省科技“创新券”的基础上，放大市科技“创新券”资助规模和资助范围，探索科技投入相关财政补助资金以“创新券”形式予以发放，并强化补助项目的绩效管理，真正使注重项目申报转移到注重成果转化和收益上来。要强化科技与金融紧密结合，利用连云港打造金融中心的契机，切实加强科技金融工作，对取得金融支持的项目、企业给予科技计划立项优先支持，引导金融资金重点用于支持优势特色产业和具有自主知识产权的科技型小微企业发展。要调整优化科技计划体系，根据中央财政科技计划管理改革有关要求，逐步摒弃“项目科技”思维，切实从以往的“盘项目、分资金”转变到提高企业和社会自主创新能力上来，转变到做强企业、做大产业上来，减少“撒胡椒面”式的小而散项目。

11.3.3 打好“创新成果转化牌”

要在加强科技研发的同时，加大成果转化力度，畅通成果转化渠道，努力使每一项成果都能产生应有的效益，实现技术链、产业链、资金链和价值链的深度融合。要深化产学研合作，引导企业充分利用高校和科研院所的人才、设备和信息优势，建立资源共享、风险或成本共担、长期稳定的合作方式，形成“市场-研发-效益-再研发”的良性循环。要注重校地合作、校校联盟、校企联盟的效益，加强对引进的科研机构绩效管理与服务，争取更多的科技成果在连云港实现转化。要把科技服务业作为建设创新型城市的重要支撑，加大政策支持，加快组织实施，大力发展以研发中介、技术转移、创业孵化、知识产权等领域为重点的科技服务业，促进科技服务业做大做强。同时，要在创新驱动上取得突破，必须要有前瞻性的眼光，加强对新能源、新材料等前瞻性技术的研究开发和运用，力争通过持续不断的努力积小胜为大胜，最终实现跨越赶超。

11.4 发展重点

11.4.1 加快培育科技创新领军企业

随着创新全球化时代的到来，区域发展必须聚焦科技创新这个“核心的核心”用功发力，充分发挥科技创新领军企业在转型升级中的支撑引领作用。科技创新领军企业是科技创新与大企业的有机耦合，是以创新为核心、内外协调一致的强大科技企业，具体是指在全国乃至全球范围内拥有大规模创新资源、从事科技创新经营活动、在国内和国际同行业中市场占有率和创新绩效名列前茅，并具有强大国际创新影响力的企业，其衡量标准包括营业收入、研发人员、知识产权等重要指标。

聚力创新就是要集聚高端创新要素，就是要持续打造和培育一些具有国内国际创新影响力的科技创新领军企业，形成对创新要素和人才的“强磁场”，为连云港转型升级发展提供强大的创新引擎和核心动力。连云港在培育科技创新领军企业上，应以国内和世界百强科技企业为目标，围绕科技创新领军企业的要求，进一步完善财政支持政策，构建以科技创新大企业成长为主线的全链条政策体系；发挥市场在资源配置中的决定性作用和财政投入的引导作用，强化领军企业在科技创新中的主力军地位，合理配置科技资源，激发企业家创新精神；引导创新资源和创新服务向科技创新领军企业集聚，不断壮大产业科技创新群，培育具有国内国际创新影响力的科技领军企业。为此，连云港下一步应重点做好以下工作：

(1) 建设科技创新领军企业数据库

一是建设科技创新大企业基础数据库。全面摸底调查连云港科技创新领军企业和候选企业，做好基础数据收集、分析和筛选等工作，建设科技创新大企业基础数据库，其中聚焦于新医药、新材料以及高端装备制造等产业中的企业，并积极开拓战略性新兴产业中的相关企业。对进入基础数据库的科技创新大企业和候选企业按照不同类型、不同梯队进行划分，纳入连云港科技计划体系和财政扶持支持范围。

二是建立科技创新领军企业库。按照科技创新领军企业基本条件要求，在基础数据库中遴选一批科技创新领军企业，统一纳入科技创新领军企业库。

(2) 加强对科技创新领军企业的要素培育

一是加强技术创新。支持企业知识产权创造，大力推动企业加快知识产权国际贯标；推动企业加大技术改造力度，按照科技创新领军企业发展要求，督促引导企业建立海外研发机构，加大研发投入，积极取得核心知识产权，推动国际产业技术转移；引导支持大型企业加大科技创新力度，建立研发机构，积极开展研发活动。

二是集聚全球高水平科技创新人才。对科技创新领军企业人才队伍的布局、结构、规模、政策措施等做出战略性的全面规划，并根据科技创新大企业的实际需求，出台“科技创新领军企业人才计划”，有针对性地、前瞻性地培育和引进大企业发展过程中所需的各类“高精尖缺”人才。

三是加大科技金融扶持力度。将连云港科技创新领军企业库内的企业优先纳入连云港科技信贷风险补偿、贷款贴息、投资补助、上市辅导、并购等科技金融政策的支持范围。

（3）加强对科技创新领军企业的政策培育

一是对科技创新领军企业要舍得投入、持续用劲。对纳入科技创新大企业库的企业，由市级财政按照一定比例给予培育经费，实行分年度拨付，专项用于企业开展研发、创新能力提升等活动。二是鼓励科技创新领军企业开展新技术、新产业、新业态、新模式的创新发展，顺应新一代信息技术革命、新工业革命以及制造业与服务业融合发展，以现代信息技术广泛嵌入和深化应用为基础，以市场需求为根本导向，走以技术创新、应用创新、模式创新为内核并相互融合的发展之路。三是建立高层领导推进工作机制。由市级层面领导牵头，协调市各级部门建立健全高效的科技创新领军企业培育工作机制，及时沟通培育工作中遇到的问题，协同推进各项工作，为科技创新领军企业发展提供全方位的服务。四是加强工作考核和监督。加强市、县区联动考核机制，将科技创新领军企业纳入重点工作考核指标体系，建立科技创新大企业优惠政策落实检查制度。

11.4.2 集聚全球创新资源空间载体

（1）全方位引进国外一流的创新平台

国外有很多运作非常成熟的集投资与创业孵化于一体的创新平台，如美国的创客空间、YCombinator 等，还有一些大型公司管理的集孵化与转化于一体的创新平台，如英特尔和谷歌等。通过引进这些机构在连云港落地，可直接将在海外孵化的技术拿到国内产业化，或者与跨国公司合作将其存量专利、技术在连云港进行转化。如硅谷 HAX 被称作全球第一的硬件加速器，2012 年 HAX 从硅谷搬到了深圳华强北，不仅帮助深圳的创客团队实现了走向硅谷的目标，同时带来了来自不同国家的团队以及他们的国际化视野和资源，为深圳的创客运动提供了经验和示范。相对中国资本直接到海外建孵化器，国外孵化器在引进技术项目、整合国际资本、专业化管理等方面更具优势，一旦直接成体系地与中国对接，成果转化的速度会非常快。在连云港本土创新平台能力仍然不足的背景下，全方位引进国外一流的创新平台，对于激活连云港现有孵化器和推动连云港创新提升具有重要现实意义。

（2）积极搭建海外科技合作创新载体

一是在海外建立孵化器，将孵化成果引到连云港进行转化和产业化，并以基金方式对其中有前景的项目进行投资，这种“海外孵化+连云港资本投资+国内产业化”的一体化方式能够缩短成果转化时间，实现将重大原创性技术快速与连云港产业对接。

二是在海外直接建立研发中心。现在越来越多的国内企业选择到世界不同地方建立研发中心，有的是利用当地的高水平设计人才，有的则瞄准当地的数学人才、软件人才等。如华为在欧洲、美国、以色列、印度、俄罗斯等地建立了研发中心。这种载体模式相对于国内的高科技孵化器，更多的是大公司所为，有利于大公司在激烈的国际竞争中不断积聚创新优势。

三是利用平台机构推动国外有专长的中小公司与国内产业链对接。由于文化、法律等方面的差异以及自身实力的不足，很多国外小公司虽然技术能力很强，但由于对中国缺乏了解，对如何与中国公司合作、如何在中国保护知识产权等都没有经验。与此同时，国内企业对外投资更倾向于股权控制，由此导致很多具有极大价值的对接往往会中途夭折。平台机构的核心作用是在合作双方建立公信力，为双方企业提供系统性服务，促进双方在技术和创新方面的交流合作，这是连云港现阶段集聚全球创新资源的一种重要途径。

（3）鼓励建立以海外研发人员为主要对象的市场化科研机构

近年来，深圳、北京等积极推进建立以海外研发人员为主要对象的市场化科研机构，如在新能源、新材料、医疗技术、信息通信等领域，很多海外人才（大部分为留学人员）非常希望到中国创业，而且很多并不是第一次创业，在国外有过成功创业的经历。由于机制问题，这些人喜欢创新但不喜欢被束缚，而市场化的民间科研机构恰恰能满足他们的需求。市场化运作的科研机构，能够为海外人才提供一个科研平台，并能按国际规则设定技术成果转化权益。由于归国科研人员带回来的多是在国外研究多年的成果，很多很快就能够实现产业化，而一旦产业化，有些科研人员会选择离开研究院而直接去办企业，有些则在获取可观技术许可收入后继续从事新的研究。因此，应不断发挥民间市场化创新载体的力量，并全力吸引海外研发人员进入，为双方的对接全力提供支持和帮助。

(4) 创建功能性创新载体

一是打造研发类功能性创新载体。围绕科学前沿探索领域，在一些前沿技术和设施等基础上，抓紧建设由高校和相关科研机构组成的科学研究中心，发挥其试验研发功能和技术溢出效应，开展一批世界前沿、多学科交叉的重大科学研究，形成世界一流水平的科研能力。围绕产业技术创新，集聚研发、产业、投资等海内外各方资源，尊重市场化机制和力量，打造世界级研发机构。

二是建设共性技术研发服务功能性平台。加快推进连云港产业技术研究院发展，突出智囊、载体、桥梁和枢纽定位，加强共性技术研发与服务，同时关注和培育新型研发组织与研发范式，发展第三方研发服务载体。深化应用型科研院所改革发展，探索建立“价值观引领、章程式管理、机构式资助、第三方评估”的院所制度。

三是发展一批非研发类功能性载体。针对科技创新和成果转化的“脱臼”现象，加强创新服务体系建设。围绕技术转移服务功能，建立国内外合作资源网络和技术转移服务载体。大力发展专业化、市场化、社会化的技术转移和知识产权服务机构。围绕科技金融结合，做好科技信贷服务和科技金融信息服务平台建设。借鉴硅谷银行模式，探索设立专业性科技银行。

(5) 推动沿“一带一路”创新载体协同发展

一是以建立共享机制为核心，以科技创新资源系统整合为主线，建设具有公益性、基础性、战略性的科技基础平台，沿“一带一路”整合现有科技基础条件资源，建设国际科技基础条件平台中心，搭建一站式服务与共享平台，实现与“一带一路”沿线国家及地区的无缝对接。

二是结合连云港现有产业基础和战略性新兴产业的发展需求，加快建设一批高水平的重点实验室和重点科研基地，积极与“一带一路”沿线国家及地区开展共建重点实验室培育基地和企业重点实验室建设，引导重点实验室与国际接轨。

三是成立“一带一路”沿线国家及地区的科技合作联盟，作为开放、共享的公益性服务平台，推动成员间协同创新与科技成果产业化，通过建立数据库整合“一带一路”相关信息，对沿线重点国家及地区国际科技合作及相关政策、法律法规实时发布、解读，助推连云港引领“一带一路”沿线国家及地区科技创新合作以及相应技术标准研发。

11.5 保障措施

强化“三个保障”，把创建国家创新型试点城市的工作基础打得牢而又牢。建设创新型城市，是一项长期的战略任务，也是一项系统工程。如果没有强有力的工作保障，很难推动创建工作扎实深入开展、如期实现目标。

11.5.1 强化组织保障

各地各部门要牢固确立“抓经济必须抓科技、抓发展必须抓创新”的观念，认真落实“党政一把手抓第一生产力”的工作责任，切实把提高自主创新能力、创建国家创新型试点城市摆到全局工作中的突出位置，及时研究解决工作中遇到的重大问题和现实困难。创建领导小组特别是科技部门要充分发挥牵头抓总作用，不断提高科技创新的管理服务水平，建立宏观协调、运转高效的工作机制，形成共同推进建设创新型城市的强大合力。

11.5.2 强化环境保障

积极利用各种舆论宣传手段，宣传创新在经济社会发展中的关键作用，宣传建设创新型城市的重大意义和深远影响，宣传各行各业推进创新的先进经验，使创新真正成为时代主旋律和助推连云港科学跨越发展的强大驱动力。进一步完善和落实鼓励创新的政策措施，引导资源配置和公共服务向创新主体倾斜，形成多元化、多渠道、高效益的科技创新投入体系，为科技创新提供有力支持。加快推进知识产权战略实施，加大知识产权维权执法力度，充分运用法律武器保护创新成果，真正为创新活动保驾护航。

11.5.3 强化目标保障

严格的目标管理是推动工作落实的有效手段。要对创建实行责任目标考核，做到有部署、有落实、有检查，确保各项工作有计划、有步骤推进。结合创建工作任务和要求，加大督促检查力度，定期通报情况，特别是对不履行职责、推进工作不力、任务落实不好的，要严肃追究责任，绝不能因少数单位、少数人影响全市创建工作大局。

主要参考文献

[1] LORENZ，LUNDVAL. Accounting for creativity in the European Union：a multilevel analysis of individual competence，labor market structure，and systems of education and training［J］. Cambridge Journal of Economics，2011，35（2）：32-41.

[2] LEE. Exploring high-performers' required competencies［J］. Expert Systems with Applications，2010，37（1）：434-439.

[3] HARMAN. Australian university research commercialization：perceptions of technology transfer specialists and science and technology academics［J］. Journal of Higher Education Policy and Management，2010，32（1）：69-83.

[4] ROSENBUSCH，BRINCKMANN，BAUSCH. Is innovation always beneficial? a meta-analysis of the relationship between innovation and performance in SMEs［J］. Journal of Business Venturing，2011，26（4）：441-457.

[5] SELIM，BURSALIOGLU. Analysis of the determinants of universities efficiency in Turkey：application of the data envelopment analysis and panel Tobit model［J］. Procedia-Social and Behavioral Sciences，2013，89（4）：895-900.

[6] SUEYOSHI，GOTO. A use of DEA-DA to measure importance of R&D expenditure in Japanese information technology industry [J]. Decision Support Systems，2013，54 (2)：941-952.

[7] ODECK，BRATHEN. A meta-analysis of DEA and SFA studies of the technical efficiency of seaports：A comparison of fixed and random-effects regression models [J]. Transportation Reasearch Part A：Policy and Practice，2012，46 (10)：1574-1585.

[8] LAFARGA，BALDERRAMA. Efficiency of Mexico's regional innovation systems：an evaluation applying data envelopment analysis (DEA) [J]. African Journal of Science Technology innovation & Development，2015，7 (1)：36-44.

[9] 喻金田，黄燕婷．创新型城市评价指标体系研究——基于国内理论与实践的对比分析 [J]．科技管理研究，2012 (14)：68-73.

[10] 许楠，王立岩．创新型城市科技创新系统运行机制与效率测度 [J]．管理现代化，2013 (13)：471-475.

[11] 马池顺，喻金田．创新型城市成长的三维主导因素研究 [J]．管理现代化，2013 (1)：102-103.

[12] 吴价宝．对实施我国新型工业化道路的思考 [J]．淮海工学院学报，2004，2 (1)：43-46.

[13] 张宏远，等．欠发达地区信息化与工业化融合发展的实证研究 [J]．南京工业大学学报，2014 (6)：69-73.

[14] 黄萍，吴价宝．连云港市新型工业化进程的实证研究 [J]．淮海工学院学报，2006，4 (1)：57-60.

[15] 朱国军，杨晨．专利运营能力支撑技术跨越研究 [M]．北京：电子工业出版社，2009.

[16] 刘满凤，李圣宏．基于三阶段DEA模型的我国高新技术开发区创新效率研究 [J]．管理评论，2016，28 (1)：42-52，155.

[17] 邹燕．创新型城市评价指标体系与国内重点城市创新能力结构研究 [J]．管理评论，2012 (6)：50-57.

[18] 尤建新，卢超，郑海鳌，等．创新型城市建设模式分析——以上海和深圳为例 [J]．中国软科学，2011 (7)：65-70.

[19] 代明，张晓鹏．创新型城市与创新型企业发展潜因素路径影响分析——基于结构模型路径图法的深圳实证检验 [J]．科学学与科学技术管理，2011 (1)：77-80.

[20] 洪银兴，范燕青．科教资源相对缺乏地区创新型经济发展模式研究——常

州创新型经济发展的启示［J］. 江苏社会科学，2011（3）：244-251.
［21］ 赵华，洪银兴. 要素短缺条件下建设创新型城市的政策思路与模式选择——常州建设创新型城市的经验和启示［J］. 学海，2010（5）：138-141.
［22］ 张华平. 创新型城市评价指标体系研究［J］. 求索，2012（8）：11-18.
［23］ 寇明婷，陈凯华，高霞，等. 创新型城市技术创新投资效率的测度方法研究：基于创新过程的视角［J］. 科研管理，2014（6）：56-67.
［24］ 魏亚平，贾志慧. 创新型城市创新驱动要素评价研究［J］. 科技管理研究，2014（19）：1-6.
［25］ 洪银兴. 产学研协同创新研究［M］. 北京：人民出版社，2015.
［26］ 文玉春. 我国产业创新的模式与路径选择研究［J］. 经济问题，2017（1）：1-10.
［27］ 文玉春. 产业创新的路径选择：自主研发、协同创新或技术引进［J］. 山西财经大学学报，2017（2）：47-58.
［28］ 康健. 资源获取视角下战略性新兴产业创新能力提升［J］. 科研管理，2017（4）：39-46.
［29］ 白福臣，周景楠. 基于主成分和聚类分析的区域海洋产业竞争力评价［J］. 科技管理研究，2016（3）：41-44，49.
［30］ 程娜. 中国海洋产业的经济效率测度与评价［J］. 江汉论坛，2016（12）：48-53.
［31］ 程娜. 新常态背景下中国海洋经济可持续发展评价体系研究［J］. 学习与探索，2017（5）：116-123.
［32］ 刘超，崔旺来. 中国沿海地区海洋科技竞争力评价及影响因素分析［J］. 科技管理研究，2016（16）：55-60.
［33］ 赵林，张宇硕，焦新颖，等. 基于SBM和Malmquist生产率指数的中国海洋经济效率评价研究［J］. 资源科学，2016（3）：461-475.
［34］ 李巍，郗永勤. 战略性新兴产业创新系统协同度的测度［J］. 统计与决策，2017（2）：60-63.
［35］ 巩永华，薛殿中. 不同合作方式下ICT低碳技术产业链协同创新博弈分析［J］. 系统工程，2016（11）：39-47.
［36］ 曾国屏，苟尤钊，刘磊. 从“创新系统”到“创新生态系统”［J］. 科学学研究，2013（1）.
［37］ 冯之浚，刘燕华，方新，等. 创新是发展的根本动力［J］. 科研管理，2015（11）.
［38］ 戚湧，魏继鑫，王静. 江苏科技人才开发绩效评价研究［J］. 科技管理研究，2015（5）.

[39] 颜爱民，李顺．企业人力资源生态系统稳定性影响因素实证研究［J］．统计与决策，2009（18）．
[40] 商华，王苏懿．价值链视角下企业人才生态系统评价研究［J］．科研管理，2017（1）．
[41] 蔡跃洲．科技成果转化的内涵边界与统计测度［J］．科学学研究，2015（1）．
[42] 王欣．高校科技成果转化机理与对策研究［M］．北京：科学出版社，2017.
[43] 张华平．创新型城市评价指标体系研究［J］．求索，2012（8）：11-18.
[44] 朱承亮．中国创新效率研究述评与展望——基于创新价值链视角［J］．开发研究，2016（4）：17-21.
[45] 黄鲁成．关于区域创新系统研究内容的探讨［J］．科研管理，2000（21）：43-48.
[46] 胡振华，杨琼．中国高新技术产业创新效率研究［J］．科学管理研究，2015（2）：32-35.
[47] 郁鹏，路征．区域创新系统：理论与政策［J］．特区经济，2012（10）：209-211.
[48] 余冬筠，金祥荣．创新主体的创新效率区域比较研究［J］．科研管理，2014，35（3）：51-57.
[49] 谭琨．国家技术创新效率的评估与比较［J］．科技和产业，，2014（12）．
[50] 钟祖昌．国家创新效率的结构特征及其收敛性研究——基于OECD国家和中国的经验分析［J］．科学学与科学技术管理，2012，33（2）：22-29.
[51] 陈伟，冯志军，姜贺敏，等．中国区域创新系统创新效率的评价研究——基于链式关联网络DEA模型的新视角［J］．情报杂志，2010，29（12）：24-29.
[52] 彭煜，陈思颖，盛文文，等．Malmquist指数法对西部地区技术创新效率的评价——基于两阶段关联DEA方法［J］．运筹与管理，2013，22（3）：162-168.
[53] 蓝庆新．我国高科技产业创新效率的经验分析：2001—2008年［J］．财经问题研究，2010（10）：26-32.
[54] 高月姣，吴和成．创新主体及交互作用对区域创新效率影响的实证研究［J］．软科学，2015，29（12）：45-48.
[55] 高月姣，吴和成．创新主体及其交互作用对区域创新能力的影响研究［J］．科研管理，2015，36（10）：51-57.
[56] 李鸿禧，迟国泰．基于DEA-t检验的以企业为主体的科技创新效率评价

[J]. 中国管理科学，2016，24 (11)：109-119.

[57] 白俊红，江可申，李婧. 应用随机前沿模型评测中国区域研发创新效率 [J]. 管理世界，2009 (10)：51-61.

[58] 蔡之兵，周俭初. 江浙沪鲁粤四省一市技术创新效率比较研究 [J]. 首都经济贸易大学学报，2012，14 (5)：90-96.

[59] 龚光明，单虹. 基于动态网络DEA的中国高技术企业创新效率研究 [J]. 科学管理研究，2015，33 (1)：60-63.

附录

附录 A 连云港企业转型升级/自主创新的发展效率问卷

尊敬的企业，您好：

为全面贯彻落实政府关于推进自主创新建设创新型城市的总体部署和要求，切实做好科技创新的总结工作，反映企业自主创新工作的进展情况，特制定本企业转型升级/自主创新的发展效率调研问卷。

请您根据企业发展情况，认真、如实填写，谢谢。

一、企业（单位）基本信息

<table>
<tr><td>企业（单位）名称</td><td></td><td>企业负责人</td><td></td><td>注册地址</td><td></td></tr>
<tr><td>企业性质</td><td colspan="5">（备选：A.国有；B.集体；C.股份合作制；D.联营；E.有限责任；F.股份有限；G.私营；H.外商及港澳台投资；I.其他）</td></tr>
<tr><td rowspan="2">企业所属行业</td><td colspan="5">（备选：A.工业；B.农业；C.服务业；D.其他）</td></tr>
<tr><td colspan="5">（备选：A.新医药产业；B.新能源产业；C.新材料产业；D.石油化工产业；E.冶金钢铁产业；F.现代物流业；G.新信息技术产业；H.农产品加工；I.其他（如果选其他，请指出是什么产业）</td></tr>
<tr><td>企业年末从业人员总人数（人）</td><td colspan="2"></td><td>企业年末科技活动人员总人数（人）</td><td colspan="2"></td></tr>
<tr><td>2014年产值（万元）</td><td colspan="2"></td><td>2014年度利税（万元）</td><td colspan="2"></td></tr>
<tr><td rowspan="2">主导产品名称及全国市场占有率</td><td colspan="5">1.</td></tr>
<tr><td colspan="5">2.</td></tr>
<tr><td>填表联系人</td><td></td><td>联系电话</td><td></td><td>电子邮箱</td><td></td></tr>
<tr><td>本调研问卷回传前是否由企业负责人确认</td><td colspan="5">（备选：A.是；B.否）</td></tr>
</table>

二、企业发展效率实施情况

1. 企业输（投）入指标。企业年末从业人员数（X_1）、科技（或技术）活动人员数（X_2）、年末固定资产净值（X_3）、科技（或技术）活动经费支出（X_4）和全年员工培训费用（X_5）

项目＼年份	2012年	2013年	2014年	备注
企业年末从业人员数（人）				
企业年末科技（或技术）活动人员数（人）				
年末固定资产净值（万元）				
科技（或技术）活动经费支出（万元）				
全年员工培训费用（万元）				

2. 输（产）出指标。企业总产值（Y_1）、加值（Y_2）、高新技术产品收入（Y_3）、全年主动离职人员数（Y_4）和全年主动离职技术人员数（Y_5）。

项目＼年份	2012年	2013年	2014年	备注
企业总产值（万元）				
企业增加值（万元）				
高新技术产品收入或新产品销售收入（万元）				★本栏填写请先阅读下面注意事项
全年主动离职人员数（人）				
全年主动离职技术人员数（人）				

★注意事项：

（1）高新技术产品：指属于下表所列高技术领域的产品。

一、电子与信息	二、生物、医药技术	四、光机电一体化	五、新能源、高效节能
101.电子计算机	201.农林牧渔	401.先进制造技术设备	501.新能源
102.计算机外部设备	202.医药卫生	402.机电一体化机械设备	502.高效节能
103.信息处理设备	203.轻工食品	403.机电基础件	六、环境保护
104.计算机网络产品	204.其他生物技术产品	404.仪器仪表	601.大气污染防治设备
105.计算机软件产品	三、新材料	405.监控设备及控制系统	602.水污染防治设备
106.微电子、电子元器件	301.金属材料	406.医疗器械	603.固体废弃物处理设备
107.光电子元器件及其产品	302.无机非金属材料	407.其他光机电一体化技术	604.噪声振动、电磁辐射和放射性污染防治设备
108.广播电视设备	303.有机高分子材料及制品		605.环境监测仪器
109.通信设备	304.复合材料		606.其他环境保护技术
110.其他电子信息技术	305.其他新材料技术		
七、航空航天	八、地球、空间、海洋工程	九、核应用技术	十、其他高技术(999)
701.航天器	801.能源、矿产资源的勘探	901.核辐射产品	
702.航空机械设备及地面装置	802.固体地球观测设备	902.同位素及应用产品	十一、非高技术(900)
703.运载火箭	803.大气海洋观测实验仪器	903.核材料	
704.应用卫星	804.空间环境要素探测设备	904.核物理、核化学实验仪器及设备	
705.探测火箭及其发射装置	805.大型工程、海底设施基础稳定性勘探监测设备	905.核电子产品	
706.其他航空航天产品		906.核反应堆及其配套产品	
	806.其他地球空间海洋工程	907.核能及配套产品	
		908.其他核应用技术	

（2）如果不属于上述高新技术产品，可填写为新产品销售收入。其

中，新产品产值指报告年度本企业生产的新产品的产值。新产品是指采用新技术原理、新设计构思研制、生产的全新产品，或在结构、材质、工艺等某一方面比原有产品有明显改进，从而显著提高了产品性能或扩大了使用功能的产品。本报表中的新产品销售收入指标既包括经政府有关部门认定并在有效期内的新产品，也包括企业自行研制开发，未经政府有关部门认定，从投产之日起一年之内的新产品。

三、品牌、标准、专利战略实施情况

1.名牌情况（含2014年及以前年度授予的名牌）

名称	授牌机关	推广、维护费（万元）	相关产品市场占有率（%）	相关产品产值		相关产品利税	
				2013年	2014年	2013年	2014年

2.驰（著）名商标情况（含2014年及以前年度授予的驰（著）名商标）

名称	授牌机关	推广、维护费（万元）	相关产品市场占有率（%）	相关产品产值		相关产品利税	
				2013年	2014年	2013年	2014年

3.标准情况（含2014年及以前年度制定的标准）

名称	授牌机关	拟定标准投入（万元）	相关产品市场占有率（%）	相关产品产值		相关产品利税	
				2013年	2014年	2013年	2014年

4. 发明专利（含 2014 年及以前年度授权的发明专利）

名称	授权年份	前期研发投入（万元）	推广、维护费（万元）	相关产品产值		相关产品利税	
				2013 年	2014 年	2013 年	2014 年

四、研发机构建设情况

1. 企业已建立哪类科研机构：________（可多选）

备选：A. 国家级重点实验室；B. 省级重点实验室；C. 国家级重点学科；D. 省级重点学科；E. 国家级企业技术中心；F. 省级企业技术中心；G. 市级企业技术中心；H. 国家级工程技术研究中心；I. 省级工程技术研究中心；J. 市级工程技术研究中心；K. 省级工程研究中心/工程技术中心；L. 市级工程研究中心/工程技术中心；M. 企业院士工作站；N. 博士后工作站；O. 研究生工作站；P. 其他 ____________________（需填写具体名称）

2. 工程技术研究中心

机构名称	授牌机关	用于本中心的科研投入（万元）						研发的新产品、新技术项目数（项）		承担各类技术创新项目数（项）	
		贷款	政府部门资助额度			其他	合计				
			国家	省	市及以下			2013 年	2014 年	2013 年	2014 年

3. 企业技术中心

机构名称	授牌机关	用于本中心的科研投入（万元）						承担相关领域研究设计任务数（项）		技术咨询服务项目数（项）	
		贷款	政府部门资助额度			其他	合计				
			国家	省	市及以下			2013 年	2014 年	2013 年	2014 年

4. 工程研究中心/工程技术中心

机构名称	授牌机关	用于本中心的科研投入（万元）							研发的新产品、新技术项目数（项）		承担各类技术创新项目数（项）	
		贷款	政府部门资助额度			其他	合计					
			国家	省	市及以下				2013年	2014年	2013年	2014年

五、企业创新投入产出情况

1. 企业承担课题获奖情况（没有的填写“0”）

国家级科学技术获奖情况（获奖项数及获奖名称）：

江苏省科学技术获奖情况（获奖项数及获奖名称）：

连云港市科学技术获奖情况（获奖项数及获奖名称）：

2. 企业自主知识产权情况

累计授权专利（件）	累计授权发明专利（件）	计算机软件著作权（项）	动植物新品种（项）	中国名牌（个）	江苏省名牌（个）	中国驰名商标（件）	省著名商标（件）	市著名商标（件）	国家标准（个）	行业标准（个）	地方标准（个）

其他：____________________（可标明类别及数量）

六、创新型城市建设奖励资金使用情况

（仅获得 2013、2014 年度创新型城市建设奖励资金的单位填写，其中获得 2014 年度奖励资金的项目填写预算安排）

创新型城市建设奖励资金使用情况 单位：万元

奖励项目名称	授奖年度	设备购置或租赁费	试验外协及差旅费	材料、资料费	加班补助或奖金	其他费用

七、书面建议

对修订、完善区域创新发展的建议（如经验、思路、对策、政策等方面的，可加附页）

____

____

____

____

____

____

____

注：本调研问卷仅作为课题修订、完善自主创新能力现状、发展及对策参考。

附录 B 连云港企业转型升级/自主创新的态度调查问卷

尊敬的企业：您好！

为全面贯彻落实政府关于推进自主创新建设创新型城市的总体部署和要求，切实做好科技创新的总结工作，反映企业自主创新工作的进展情况，特制定本企业转型升级/自主创新的发展效率调研问卷。

（填写方式：在符合的选项后打“√”或直接填写在横线上）

一、企业基本情况

企业名称：

所在县（市、区）：

创办年份：

注册资本：________（万元）

总资产：__________（万元）

净资产：__________（万元）

所属行业：

主要产品：

企业产权性质：国有及国有控股□；三资□；民营企业□；上市公司□

企业职工人数：________人；其中：大专学历以上职工占职工总数比重________%

从事研发工作人员：高级职称________人；中级职称________人

二、企业自主创新的基本情况

1. 贵企业设有专门技术研发机构吗？

①没有□；②有□

如果有，那么，研发机构设在：

①企业内□；②大学、研究机构□；③国外□

如果有，那么是：

①国家级企业技术中心□；②省级企业技术中心□；③地市级企业技术中心□；④未申请认定

如果有，那么，贵企业研发机构的组织形式为：

①企业独自组建□；②与高校、院所合作组建□；③与国外机构合作组建□

2. 贵企业生产的主导产品是：

①对市场产品的模仿□；②引进国外技术□；③集成创新产品□；④引进、吸收、消化再创新以后产品□；⑤自己原始创新产品□

3. 贵企业主要技术创新方式是：

①企业独立研究开发□；②与科研机构合作开发□；③委托科研机构开发□；④与大企业合作开发□；⑤与国外机构合作□；⑥购买或引进现成技术成果□

4. 如果，贵企业购买技术成果，那么，技术来源地是：

①省内□；②外省市□；③国外□；④市内□

5. 贵企业开展创新的技术来源机构是：

①大学□；②研究院所□；③国内大公司□；④国外大公司□；⑤国外研究机构□；⑥企业内部□

6. 您认为贵公司与国外同行的技术差距如何：

①很大□；②有一定差距□；③差距很小□；④没有差距□；⑤国际领先□

7. 贵公司现有核心竞争力主要体现在：

①市场营销□；②技术创新□；③模仿能力□；④成本和价格□；⑤管理□

8. 近三年贵企业年平均有多少研发项目在进行

①1 个以下□；②2~5 个□；③5~10 个□；④11 个以上□

其中，贵企业自己主持的的研发项目________（个）

9. 贵企业正在研发项目是：

①对现有产品改进□；②未来 2 年内投产的新产品□；③未来 3~5 年内投产的新产品□

10. 贵企业引进国外技术的主要方式：

①购买设备□；②购买专利□；③购买样品□；④聘请国外技术员□；⑤购买图纸、技术资料□；⑥其他：________

11. 贵企业获取国内外技术信息的主要途径为（最多选 3 项）：

①参加各类展示会□；②杂志和报纸□；③视频媒体类□；④互联网□；⑤科技中介□；⑥朋友交流□；⑦参观访问□；⑧行业会议□；⑨其他□

12. 贵企业技术人员主要来源：

①自己培养□；②引进□；③留学归国□；④学校分配□；⑤聘请国内外专家□

三、企业自主创新的成果与绩效

1. 贵企业近三年专利情况：

①专利申请数：________（件），其中，发明专利：________（件）

②专利授权数：________（件），其中：发明专利：________（件）

③购买专利数：________（件），其中，发明专利：________（件）

④使用专利数量：______（件），其中，发明专利________（件），国外发明专利________（件）

2. 贵企业近三年新产品开发情况：

①开发成功新产品数量：________（个）；其中，国家级新产品

______（个）；省级新产品______（个）；地市级新产品________（个）；企业新产品________（个）

②贵企业产品商标是：国家驰名商标：________（个）；省级著名商标：________（个）；市地级著名商标________（个）

3. 贵企业的技术标准是：

①国际标准□；②国家标准□；③国内部委、行业标准□；④企业内部标准□

4. 贵公司是否参与制定行业技术标准制定：

①有□；②没有□

5. 贵企业是否拥有自己的技术诀窍、技术秘密等非专利技术：

①有□；②没有□

四、企业技术创新自主性与外部依存度

1. 贵企业立足于自身力量开展技术创新最缺乏的是：

①人才□；②资金□；③技术信息□；④政策□；⑤管理□

2. 贵企业主持研发国内外最新技术的能力，请您打分（最强 10 分，没有为 0 分）：________分。

3. 贵企业技术创新依赖企业外部科技的程度，请您打分（最强 10 分，没有 0 分）：________分。

4. 贵企业技术创新依赖外省科技的程度，请您打分（最强 10 分，没有 0 分）：________分。

5. 贵企业技术创新依赖国外技术的程度，请您打分（最强 10 分，没有 0 分）：________分。

6. 贵企业最需要什么样的技术创新服务？（最多选 2 项）

①技术中介□；②科技成果转让□；③人才培训□；④技术指导□；⑤合作研发□

7. 我省、市大学为贵企业提供了哪些技术创新支持：

①提供人才□；②转让科技成果□；③提供科技咨询□；④提供试验、测试□；⑤没有支持□

8. 请您为省、市内科研机构及科技服务中介在企业自主创新中发挥作用打分：（满分 10 分）

________（分）

五、企业自主创新经验

1. 贵企业自主创新管理经验：

（1）自主创新战略：①非常明确□；②比较明确□；③一般□；④不明确□；⑤非常不明确□

（2）技术组织机构：①非常健全□；②比较健全□；③一般□；④不健全□；⑤非常不健全□

（3）技术人才队伍：①非常充足□；②比较充足□；③一般□；④不充足□；⑤非常不足□

（4）人才激励机制：①非常完善□；②比较完善□；③一般□；④不完善□；⑤非常不完善□

（5）创新型文化：①非常强□；②比较强□；③一般□；④不强□；⑤非常差□

（6）对外技术合作：①非常充分□；②比较充分□；③一般□；④不充分□；⑤非常不充分□

（7）技术知识储备：①非常丰富□；②比较丰富□；③一般□；④缺乏□；⑤非常缺乏□

（8）创新领导：①非常正确□；②比较正确□；③一般□；④不正确□；⑤非常不正确□

（9）内部创新机制：①非常协调□；②比较协调□；③一般□；④不协调□；⑤非常不协调□

2. 下列哪种科技成果在贵企业中的转化效果最好：

①企业自己研发的□；②与科研机构合作研发的□；③购买的□；④国外引进的□；⑤其他（请注明）：________

3. 贵企业对研发人员的主要奖励方式是：(可以多选)

①一次性项目奖励□；②岗位工资□；③期权□；④收益分享□；⑤职位晋升□

4. 贵企业经常开展职工全员创造、革新活动吗？

①有□；②没有□

六、影响企业自主创新的因素

1. 您认为阻碍企业自主创新的主要内部因素有哪些？（最多选 3 项）

①缺乏创新意识□；②缺乏高素质技术人才队伍□；③资金投入不足□；④产权不合理□；⑤缺乏明确目标□；⑥缺乏团队精神□；⑦内部激励制度不完善□

2. 您认为阻碍企业自主创新的主要外部因素有哪些？（最多选 3 项）

①技术市场不健全□；②政府支持不力□；③知识产权保护不力□；④缺乏技术支持□；⑤技术人员留不住□；⑥社会文化氛围不利□；⑦市场对自我技术接受程度低□

3. 为什么企业不愿意开展自主创新？（最多选 3 项）

①风险太大□；②周期太长□；③管理太难□；④国外引进见效快□；⑤自我技术水平低□

4. 您认为国内科研机构、大学对企业自主创新作用大吗？

①非常大□；②比较大□；③一般□；④不大□；⑤没有多大作用□

5. 您认为政府在提高企业自主创新能力上应该发挥哪些作用？（最多选 3 项）

①开展产学研合作□；②搭建科技条件平台□；③提供科技信息服务□；④提供创新基金□；⑤设立科技孵化器□；⑥帮助引进人才□；⑦提供优惠政策□

6. 贵企业开展自主创新活动最希望政府做哪些工作？

①专项支持（贷款贴息、低息贷款、财政专项支持等）□；②税收减免□；③政府采购支持□；④创造公平竞争的市场环境□；⑤提高办事效率□；⑥保护知识产权□；⑦其他（请注明）________。

7. 您认为影响企业自主创新的市场方面原因是：

①市场秩序不良□；②市场信息不充分□；③市场竞争不充分□；④不正当竞争□

8. 您认为影响企业自主创新的科技方面原因是：

①研究机构技术成果太少□；②研究机构科技能力有限□；③企业与科研机构缺乏沟通□；④科技与生产脱节□；⑤缺乏基础研究支撑□；⑥科研机构服务、合作收费太贵□

9.. 您认为影响企业自主创新的政府方面原因是：

①政出多门□；②办事效率低□；③办事不公开、公正□；④投入不够□

10. 您认为我市技术创新服务体系存在的主要问题有哪些？________

11. 您认为，目前各类科技服务中心对企业技术创新的作用：

①很大□；②较大□；③一般□；④不大□；⑤几乎没有作用□

七、开放题

您认为提高我市企业自主创新能力的主要途径有哪些：

____

____

____

____

注：本调研问卷仅作为课题修订、完善自主创新能力现状、发展及对策参考。

后记

本书中的数据来源分两类：一类是各种数据公报、年鉴等，如连云港市统计年鉴、统计公报、科技统计公报、高新技术产业统计公报，江苏省科技进步统计监测综合评价结果、高新技术产业主要数据统计公报等；另一类是课题组设计的调查问卷、访谈结果等。因此，本书能够较为全面和系统地评价区域、行业、企业的创新发展情况。但由于时间短、任务重，在研究中难免会有疏漏和不足，需要在后续的研究中加以修改。

首先，样本企业选取的合理性有待进一步提高。一是样本数量仍显偏少。本次评估选取样本企业共 166 家，虽然覆盖了高新技术企业，但只占规模以上企业的 1/4 左右。理想的状况是所抽取的样本数量既覆盖高新技术企业，又能覆盖规模以上企业的 1/2 左右。二是部分行业的样本企业数据量较少。例如，现代物流业企业不到 10 家，行业平均发展水平有失偏颇，后期在行业研究中将进一步补充完整。

其次，评估指标体系的系统性有待进一步完善。一是在区域市级层面创新型城市建设评价体系中，关于国家、省级认定科技企业孵化器和加速器数量、孵化面积及在孵企业数量，创新型试点乡镇、示范乡镇和“三新”科技社区数量等指标界定及评分标准不够明晰，不能有效地评估创新主体和创新环境建设程度。二是部分指标对各县区实际情况特别是结合地方产业发展特点的适用性不强，导致相关县区评分较低。评估体系有必要进一步优化。

再次，调查问卷的了然性有待进一步加强。(1) 很多问卷选项过于专业或者过于模糊，致使很多企业填写时不明不白，最后胡乱填写。(2) 不同填报人有不同的理解，这种由填报人产生的系统误差，可以通过调研前培训讲解得以解决。

最后，在数据分析过程中，主要采用的是综合指数法，部分内容采用了比较分析法，例如对省内 13 市之间、各县区之间的分析，但比较分析时效性和深度还不够，需要进一步加强。此外，县区对比评估结果主要来源于各县区相关部门的数据填报，由于有些统计数据尚未发布，各部门填报数据的准确性有待提高。

此外，要感谢淮海工学院商学院的研究生胡璇、蒋康莉和本科生鄢丽双，正是在他们的认真统计分析与排版下，才有了这本翔实的研究专著；同时要衷心感谢连云港市科学技术局政策法规处以及其他处室的有关领导、同志在整个评估过程中给予的关心和帮助；还要感谢为我们研究提供了大量翔实一手材料的各个县区政府、企业和相关单位。

张宏远　吴价宝

2018 年 6 月